Le Manifeste d'un Juif libre

Collection opinion

Du même auteur

La Guerre des civils ou le Kippour le plus long, Hachette, 1974
Deux vérités en face (avec Hamadi Essid), Lieu Commun, 1988
Israël aux quatre vents du ciel, Lattès, 1991
L'Affaire du carmel d'Auschwitz, Bertoin, 1991
Oublier Vichy ?, Criterion, 1992
Le Guetteur, Plon, 1997
Libérez la Torah !, Calmann-Lévy, 2001

Théo Klein

Le Manifeste
d'un Juif libre

Liana Levi

Sommaire

Avant-propos

Ce livre, par lequel je manifeste mes options les plus actuelles, a vu le jour dans un délai extrêmement court, sur l'initiative de Liana Levi, que je remercie de m'y avoir invité. À partir d'une vingtaine d'heures d'interviews, Claire de Narbonne-Fontanieu a réalisé la réécriture du texte parlé et nous l'avons relu ensemble.

Ce texte m'engage totalement.

Face à une situation doublement affligeante, en France comme en Israël, j'ai voulu exprimer, en termes simples et directs, l'analyse que j'en fais et les réflexions qu'elle m'inspire.

Juif et fier de l'être, je veux dominer les événements qui se déroulent et peuvent me heurter en refusant le repli communautaire. Je refuse en effet absolument d'être enfermé dans le concept du « peuple solitaire qui ne se confond pas avec les nations » de l'inénarrable Balaam (Nom. XXIII.9).

Je veux au contraire affirmer avec le prophète Jérémie qu'il faut prier pour la paix du pays où nous habitons. « C'est dans sa sécurité que nous trouverons notre paix » (Jér. XXIX.7).

Je comprends l'émotion et même la haine face à la douleur extrême du corps déchiqueté d'un enfant, d'un parent, d'un ami, d'un simple voisin. Mais au-delà de la douleur et de l'émotion, l'action doit résulter d'une réflexion et la réponse s'adapter au maximum du possible.

Enfin, quelles que soient la profondeur et la violence du drame, notre conscience doit dominer.

C'est de ce message, celui d'Abraham marchandant la survie de Sodome, que je me réclame. Je ne peux m'accepter comme descendant d'Israël qu'en offrant une place égale aux descendants d'Ismaël.

Refusant d'être discriminé, je ne me discrimine pas moi-même. Luttant pour le respect de chacun, je ne trouve la paix de ma conscience que dans l'affirmation du droit d'autrui à vivre les mêmes idéaux que les miens.

Le reste, vous le lirez.

Mais un mot encore, pour remercier Claire de Narbonne-Fontanieu avec laquelle je travaille depuis le jour où, révoltée par l'arrêt de la cour d'appel de Paris dans l'affaire Touvier, elle m'avait sommé d'écrire *Oublier Vichy ?* Depuis, pour *Le Guetteur* et *Libérez la Torah !* j'ai largement bénéficié de ses efficaces remarques. Le regard non-juif qu'elle jette sur mes textes m'éclaire souvent, m'étonne parfois, mais, chaque fois, m'enseigne les vertus du dialogue des cultures.

Sur les chemins escarpés de la vie, le promeneur solitaire aime la voix et le regard de celui qu'il croise.

Au moment où je termine ce livre : Jénine. Je suis sûr que nous saurons la vérité car la démocratie israélienne a largement démontré son courage, son efficacité et la transparence de ses commissions d'enquête. Je ne peux pas croire que les Israéliens réservistes qui se sont battus à Jénine soient des assassins. Tout cela c'est aujourd'hui. Et demain ? Je demeure persuadé que l'entente est possible. Qu'elle est nécessaire. Qu'elle adviendra.

Théo Klein

Premiers propos

Il n'est pas dans ma nature d'être en colère ou de vitupérer. Pas plus que de me désoler ou de me résigner. Personne ne m'empêchera donc de dire et d'écrire que ce qui se passe au Proche-Orient n'est pas admissible. Et que je ne peux, ni ne veux, accepter cette inacceptable violence qui ne mène à rien, strictement à rien. Sinon à engendrer ce que nous déplorons tous : morts de chaque côté, pleurs de chaque côté, haines, affliction, désespérance, attentats, ripostes.

Je sais, on appelle cela la guerre. Et après ? Comment avons-nous pu en arriver là ? Je dirai plus loin combien j'ai cru, en février 2001, aux chances d'une paix enfin durable, car la donne politique pouvait être autre. Hélas…

Comment est-il possible qu'en quelque dix-huit mois la situation se soit à ce point détériorée, qu'Israéliens et Palestiniens soient parvenus à un tel degré d'aveuglement ? Je refuse l'impasse annoncée d'avance qui consiste à affirmer d'un côté : « Notre existence est en jeu, il nous faut donc mettre à terre l'ennemi. »

Et de l'autre : « Nous sommes chez nous, il nous faut donc mettre à terre l'ennemi. »

Je le dis une fois de plus, et quiconque nie cette évidence est insensé ou malhonnête : Israéliens et Palestiniens sont appelés à vivre ensemble sur la même terre. Ils l'ont déjà tenté. Il faudra qu'ils y parviennent à nouveau. C'est l'impérieuse nécessité de la paix qui est leur horizon commun.

Alors ? Alors, je ne puis comprendre cette folie qui embrase de part et d'autre les dirigeants et les peuples. Et le mien, aujourd'hui, en particulier. À en perdre son âme.

Quels que puissent être les griefs, les méfiances, les peurs, le besoin de vengeance, le besoin de se défendre, les démonstrations de puissance entraînent inéluctablement les horreurs que l'on sait. De part et d'autre. Renforçant les haines, elles ne peuvent jamais contribuer à construire ce qui devra de toute façon être réalisé : une paix pour vivre côte à côte, en bonne intelligence.

J'entends les rires et les sarcasmes. Voire les soupçons de pacifisme au détriment de ceux qui sont les miens, les Juifs, ou d'excès de considération, répréhensible par conséquent, pour ceux que désormais l'on ne considère plus que comme des ennemis. Je refuse cette partition simpliste, intellectuellement indigente et humainement accablante. Les Palestiniens ne sont pas voués à être nos ennemis, ils sont nos voisins.

Certes, vivant à Paris, dans ce pays pacifié depuis longtemps, je ne subis pas la pression infernale qui s'exerce sur les habitants d'Israël : les souvenirs du passé qui obsèdent, la peur quotidienne pour les siens et pour soi, l'avenir compromis. Mes contradicteurs non plus, d'ailleurs. Mais peut-on me croire pour autant oublieux, insensible ou inconscient ?

L'avocat que je suis sait d'expérience que bien mieux qu'au prétoire, pacifique réplique du champ de bataille, c'est autour d'une table que les parties opposées finissent par s'entendre. En s'écoutant d'abord. L'enjeu est alors de permettre à chacune d'avoir *in fine* le sentiment qu'elle a obtenu davantage qu'elle n'a perdu. Affaire de mesure, affaire de médiation, affaire de bon sens, affaire d'intelligence. Le tiers, trop souvent nécessaire, fait le *go-between*. L'ennemi alors, c'est l'entêtement, pénible variante de la bêtise ; l'atout quelquefois, le temps, car chacun sait qu'« il faudra bien y arriver ».

Mon propos n'est nullement de donner des leçons. J'ai quatre-vingt-deux ans, je suis juif et heureux de l'être, citoyen français et israélien, et, circonstance aggravante, incapable de désespérer de l'homme.

Toute l'histoire de l'humanité nous l'apprend en effet : c'est seulement par le dialogue et le dialogue entre parties qui se respectent, quoi qu'il ait pu auparavant se produire, que les peuples parviennent à vivre en paix. On peut vouloir l'oublier, on peut avoir des raisons de vouloir l'oublier. Mais tôt ou tard cette nécessité s'impose.

À Jérusalem ou à Ramallah, on marche à coups de bombes et de chars sur cette évidence qui contrarie l'instinctive violence des hommes. On remise loin, très loin, les principes qui sont, chacun le sait, les garde-fous des démocraties face aux déferlantes de la force en action. On perd de vue les aspirations et les rêves pour ne se concentrer que sur les impératifs de l'immédiateté, c'est-à-dire des combats. On a même oublié le pas à pas fragile du chemin de la paix, les complicités amicales qui avaient fait progresser les discussions difficiles, l'imagination, l'humour et la fatigue qui sont le lot commun de tous alors. Oui, je le répète, on a oublié que nous étions voisins avant d'être ennemis.

Alors, même si l'on pense que je suis un inguérissable optimiste (c'est un grand tort d'avoir raison trop tôt, je le sais, mais cela m'est égal à vrai dire, si demain…), je continuerai d'affirmer ceci : parier sur l'intelligence et le sens de la responsabilité des hommes est la seule voie possible. Je n'ai pas dit que c'est une voie aisée, sans risques et sans dommages. Je dis que c'est la seule possible pour qu'un avenir s'inscrive en lettres capitales, en hébreu et en arabe, au cœur de ceux qui vivent là-bas. Ensemble. Et que se lève celui qui peut affirmer sans ciller que cet avenir naîtra d'une autre puissance créatrice que celle de la réflexion politique et donc du dialogue.

Pourquoi faudrait-il attendre encore et encore ce qui, un jour, s'imposera d'évidence ? Au nom de ce que je crois, j'appelle ce jour de toutes mes forces.

Demain ?

Non ! Aujourd'hui.

Je crois que nous sommes libres donc responsables et pas systématiquement victimes

On s'attaque à des synagogues, on moleste des Juifs portant kippa dans la rue, on tague des injures anti-juives… Il y a longtemps que la France n'a pas connu de tels débordements. Les autorités de la République agissent, peut-être pas à la vitesse ou à la hauteur souhaitée par certains, mais elles agissent, plus exactement tentent d'agir, pour autant qu'elles sachent comment anticiper et répondre à ce type de violences. Actes criminels graves ou agissements de voyous excités, ils méritent tous un traitement par la justice qui s'exercera, nous le souhaitons, je le souhaite. Cela est aussi légitime que nécessaire.

Faut-il pour autant réclamer davantage de sanctions parce qu'il s'agit d'actes visant des membres ou des biens de notre communauté ? Je ne le crois pas.

Nous sommes des citoyens comme les autres, même si notre histoire, et personne ne l'oublie, est différente. Pourquoi faudrait-il alors exiger plus de condamnation, plus de vigilance ou plus de sécurité au nom de ce qui fut, de triste mémoire, il y a plus de cinquante ans ? Pourquoi faudrait-il que nous ayons encore cette peur au ventre, cette crainte du « ça y est, ça recommence », alors que nous vivons en paix depuis plusieurs décennies dans ce pays multi-culturel et multireligieux ?

Il ne s'agit pas de minorer la gravité d'actes extrêmement répréhensibles, choquants, inad-missibles. Il s'agit seulement de raison garder, une fois que s'est exprimée la légitime émotion de ceux qui ont vécu de près ces agressions. Celles-ci nous affectent tous, nous préoccupent tous. Moi aussi. Mais je ne veux pas céder au réflexe d'une angoisse collective (que je com-prends) : celle-ci obscurcirait nos capacités d'analyse et de réflexion sereines. L'émotion, l'angoisse doivent rapidement céder la place à la raison surtout lorsque la situation est tendue.

Analyser calmement ne signifie pas se cou-cher devant les provocateurs, ni fermer les yeux devant les inquiétudes de ses congénères. Toute action mérite réflexion préalable et il me semble justement que c'est dans ces contextes difficiles qu'il est particulièrement vital de savoir non pas nier, mais dominer les émotions qui peuvent nous conduire (involontairement parfois) à des comportements critiquables.

Personne n'oserait m'accuser de la moindre complaisance à l'égard de sujets aussi graves ou d'excès d'inconscience optimiste. Enfant, mes parents m'ont raconté le choc de l'affaire Dreyfus ; j'ai vécu pendant ma jeunesse la montée du nazisme et la collaboration de Vichy et de certains Français ; j'ai compris la peur comme beaucoup et lutté, à ma manière, comme beaucoup d'autres ; j'ai vécu, et de près, les disparitions, les déportations, les deuils, les exactions. Je n'ai rien oublié. Puis-je ajouter que je crois avoir contribué à la résistance civile, puis à la reconstruction de ce qui fut détruit, et relevé ce que d'aucuns voulaient anéantir. Nous y sommes parvenus, Juifs et non-Juifs, avec détermination, courage et énergie. Nous n'étions pas des héros, nous étions chacun à notre place, modeste ou exposée, habités par la force de la vie qui s'avère plus forte que tout…

Voilà pourquoi je ne peux, ni ne veux céder à cet instinctif réflexe de défense particulière que notre histoire particulière légitimerait. C'est un réflexe de peur et je crois, je suis profondément persuadé, que nous pouvons – que nous devons – cesser d'avoir peur. Être vigilant est nécessaire. Être réactif aussi. Mais se positionner d'office en victime potentielle parce que notre mémoire n'agit plus que comme signal d'alerte maximale dès que l'un des nôtres est agressé me paraît inopportun et dangereux.

Inopportun parce que cela tend à souligner notre différence alors que nous sommes d'abord et avant tout des citoyens comme les autres, parce que nous faisons partie de la communauté nationale comme les autres.

Dangereux parce que cela fait le jeu de ceux qui sont persuadés qu'en effet nous sommes différents, trouvant alors prétexte aux attitudes hostiles que l'on sait.

Notre vie est libre. Nous sommes des citoyens, libres et responsables, présents dans tous les secteurs de la vie économique, culturelle, industrielle, intellectuelle et cela est aussi normal que la présence de chrétiens, de musulmans ou d'adeptes de toutes sortes de croyances ou d'idéologies. Nous ne sommes pas plus en vue que quiconque, même si on nous repère davantage dans la communication, la finance ou la médecine que dans l'agriculture! La société composite qui est la nôtre sait parfaitement intégrer tous les talents et c'est heureux. Pourquoi faudrait-il abandonner brusquement cette parfaite intégration pour brandir avec véhémence la défense de nos intérêts particularistes ? Aurions-nous si peu confiance en cette société qui est aussi la nôtre ? Aurions-nous tant de méfiance envers nos concitoyens, nos institutions, nos hommes politiques, notre police, notre justice ?

Je ne dis pas que cette société est parfaite et qu'elle l'a toujours été. Loin de là. Mais nous en faisons partie. Je ne peux donc admettre ce renversement brutal, même lorsque les événements sont ici très préoccupants et, là-bas en Israël, dramatiques. Il nous faut, une fois encore, raison garder, sang-froid garder. Ne pas imaginer à Paris, à Marseille ou ailleurs encore, que nous sommes fondamentalement menacés, que le monde va s'acharner à nouveau sur nous, que les murailles du ghetto devraient s'élever pour nous protéger d'un environnement extérieur hostile. Bien au contraire ! Il nous faut veiller et expliquer, analyser et proposer, bref s'impliquer. Et renoncer à ce réflexe conscient ou inconscient d'une victimisation programmée d'avance. Rien n'est programmé d'avance, si ce n'est la volonté et le courage d'affronter les difficultés, quelles qu'en soient la nature et la hauteur. Et de les affronter avec intelligence, froideur et efficacité.

Certes, notre histoire pèse lourd...

Et elle a gravé en nos mémoires mille cris et le souvenir infini des disparus.

Nous, Juifs, le savons, mais je ne suis pas sûr que tous les non-Juifs savent que notre histoire fut celle qu'elle fut. J'écris aussi pour eux, j'espère qu'ils seront nombreux. Peut-on comprendre un peuple lorsqu'on le connaît mal ?

Depuis des siècles, exilés sur tous les continents, nous n'avons connu en effet d'autre situation que celle d'une minorité plus ou moins tolérée, se caractérisant par des traditions et des usages religieux et quotidiens qui nous distinguent de notre entourage. On a pu penser que nous étions étranges, mystérieux, différents – ce n'était pas faux. À tout le moins s'est-on méfié car, de tout temps, l'altérité n'a jamais été facile à tolérer. À vrai dire, nous étions des hommes et des femmes ordinaires, c'est-à-dire semblables aux autres, sauf à cultiver quelques manières, usages et pratiques religieuses singuliers. Les Juifs se sont regroupés naturellement, compte tenu de leurs traditions et des obligations qu'elles engendrent. Il est arrivé aussi qu'on les parque, et finalement qu'on les enferme...

L'extraordinaire est ceci : malgré l'absence de territoire national qui constitue en général le socle sur lequel s'édifie l'histoire des peuples, malgré les persécutions, malgré la dispersion — l'exil est constitutif de notre histoire depuis près de 3 000 ans ! — la spécificité du peuple juif s'est maintenue. Cette identité autonome, la judéité, s'est maintenue en effet en dépit des difficultés de tous ordres imposées par les collectivités nationales et aussi par les Juifs eux-mêmes pour pouvoir conserver leurs usages, leurs valeurs. Au service de la préservation et de la transmission de ces valeurs millénaires, la résistance identitaire permanente, à travers les siècles et à travers tant de conflits sourds ou extrêmement violents, a forgé un état d'esprit que chacun peut aisément comprendre. Elle témoigne de la force qu'il leur a fallu avoir, dans la durée, pour maintenir cette identité fondée sur la Torah et sur quelques capacités d'adaptation aussi !

L'isolement dans les ghettos laisse cependant des traces durables. Sur le plan politique, celui de « la vie dans la cité », qu'ils soient, selon les lieux et les époques, très intégrés ou très mal intégrés, les Juifs ont été des « citoyens de seconde classe ».

Mais avec l'émancipation, c'est-à-dire la reconnaissance de leurs droits civils, tout change ! En France, à la fin du XVIIIᵉ siècle (des Lumières…), ils étaient 50 000 dans un royaume qui comptait alors 28 millions d'habitants. C'est en 1791 que l'Assemblée constituante leur reconnaît l'égalité des droits civiques. « Il faut tout refuser aux Juifs comme nation ; il faut tout leur accorder comme individus ; il faut qu'ils ne fassent dans l'État ni un corps politique, ni un ordre ; il faut qu'ils soient individuellement citoyens », s'exclamera le comte de Clermont-Tonnerre.

Voilà donc les Juifs citoyens de plein droit et la France le premier pays à l'établir : fin de la singularité de la « nation juive » et émergence de la « nation française, une et indivisible ». L'idéal des droits de l'homme se met en marche. Nombreux sont ceux qui, aujourd'hui encore, ne l'oublient pas.

Le mouvement est donc lancé. Il gagne les pays d'Europe dont la population juive est estimée à 2 millions de personnes (et dont plus de la moitié vit en Pologne). Les portes du ghetto s'ouvrent. À la fin du XIXe siècle, l'émancipation s'est étendue à pratiquement tous les pays de l'Europe occidentale, et, après la Première Guerre mondiale, elle progresse dans tous les pays d'Europe centrale et orientale. Ce sera plus tardif dans les pays musulmans...

J'ai bien dit : tout change ! En effet, et cela est à mes yeux un point-clé qui d'ailleurs fait problème pour certains de mes contradicteurs, les Juifs, désormais, peuvent et doivent entièrement revoir leur relation à autrui. Ils ne sont plus « à part ». Ils sont désormais libres et, en principe, en sécurité. Je mets volontiers un bémol à ce dernier point, tant il est vrai que la souveraineté de leurs droits n'a pas été, loin s'en faut, synonyme de tous temps et en tous lieux de traitement égal, notamment dans le domaine de la protection des personnes et des biens. Mais tout de même, cette souveraineté proclamée des droits engendre une nouveauté de taille, corollaire de la liberté : les Juifs peuvent désormais participer à la vie de la nation *comme les autres citoyens*. C'est l'irruption de la responsabilité des Juifs au sein de la collectivité nationale.

Libérés des murs physiques ou psychologiques, hors du sentiment d'enfermement voulu ou subi, c'est donc un avenir tout à fait nouveau qui s'annonce. Ils peuvent dialoguer, proposer, imaginer. Ils peuvent ne plus se sentir menacés ou attaqués. Ils peuvent respirer librement, être utiles à l'extérieur du cercle communautaire, ne plus se sentir inférieurs, ne plus se sentir victimes. Tout en continuant, s'ils le souhaitent, leur pratique religieuse.

Certes, l'émancipation n'a pas été sans créer aux communautés de vives difficultés, aux tenants de l'orthodoxie religieuse en particulier. Et aussi parce que certains souhaitaient que l'intégration des Juifs conduise à leur assimilation totale, c'est-à-dire à leur christianisation. Alors, quelques Juifs s'arc-boutent sur une inutile intransigeance, figée, considérant que l'immobilisme absolu – ni adaptation, ni transformation – est l'exclusive assurance de la survie des traditions. D'autres, soucieux d'évolution dans le respect de celles-ci, imaginent un judaïsme plus moderne. Autant il faut combattre pour que chacun puisse librement accomplir les rites de sa religion, autant il faut engager et maintenir ce combat dans le cadre et dans le respect des droits de l'homme. Le judaïsme accorde une grande importance à l'éthique, et l'intelligence des textes fondateurs devrait conduire à l'adaptation des pratiques aux réalités actuelles. J'ai connu dans ma jeunesse des néo-orthodoxes. Ils inclinaient vers la notion de « citoyen national au-dehors, juif à la maison », qui permet de concilier l'observance de la loi rabbinique et une attitude ouverte à l'égard de la société moderne.

Ces différents mouvements ont témoigné des tensions entre identité religieuse et identité culturelle, entre intégration et assimilation, entre ouverture et fermeture. Des tensions qui n'ont pas complètement disparu, nous le savons. J'y vois en partie la cause des tiraillements profonds qui subsistent au sein de notre communauté. Pour autant, je ne comprends pas pourquoi il faudrait que nous, Juifs, ayons une seule et unique manière de réagir face à des problèmes qui se posent aussi dans d'autres communautés confessionnelles. La diversité des courants me semble aussi acceptable et même nécessaire, dans une société démocratique, en matière religieuse comme en matière politique, à condition toutefois qu'aucun ne tente de s'imposer tyranniquement aux autres !...

Pour ma part, non-croyant, je n'observe pas les 613 commandements qui ponctuent la vie des Juifs orthodoxes que je respecte. J'affirme pourtant ma judéité et mon souci de transmettre à mes enfants et petits-enfants les valeurs de ma tradition et les enseignements de la Torah que je ne cesse de relire. Ma liberté de Juif libre s'exerce aussi de cette manière. C'est la mienne et je la crois respectable.

Certes, notre liberté fut remise en question...

Malgré les avancées et les progrès d'une liberté fondée sur des droits enfin reconnus, la situation des Juifs fut encore et encore contestée et cette liberté foulée aux pieds. On se souviendra bien entendu du traumatisme de l'affaire Dreyfus, un siècle après l'émancipation des Juifs. C'est elle qui fut, dit-on, en 1897, à l'origine du manifeste fondateur *L'État des Juifs, essai d'une solution moderne du problème juif* de Theodor Herzl, journaliste hongrois installé à Vienne, que ses fonctions appellent à Paris pour couvrir le procès. Il est le témoin étonné de l'antisémitisme virulent qui sévit alors (« maladie incurable », écrit-il). Il consacrera le reste de ses jours à œuvrer pour la création d'un État juif en Palestine. Le sionisme était né.

Je reviendrai un peu plus loin sur ce concept qui est à la fois une idéologie et un mouvement politique. Mais que l'on sache d'entrée de jeu ceci : il me paraît tout à fait important qu'existe un État d'Israël pour que la judéité se développe dans son aire géographique propre, dans sa langue propre et dans sa culture propre. Et cela me paraît intéresser tout le monde et pas seulement les Juifs : les relations entre cette plénitude juive et la diaspora peuvent et doivent se nourrir mutuellement. De même, via les contacts avec le monde musulman, les autres communautés et vice versa.

Ici aussi, il s'agit bien de liberté et de responsabilité dans le cadre que l'on sait depuis 1948. La nouveauté majeure pour les Juifs est, dans leur pays, l'exercice de la totalité des droits qui s'attachent à leur souveraineté, territoriale cette fois. Ce qui implique nécessairement un savoir-faire et un savoir-être avec les autres, voisins arabes en particulier. Là aussi, je ne suis pas sûr que l'instinctif réflexe de la peur et de l'enfermement séculaires ne pèse pas au-delà de toute raison sur la conduite des affaires, j'y reviendrai.

Je ne peux terminer ce bref survol de notre histoire sans parler de la Shoah et redire ici ce que j'ai déjà eu l'occasion d'exprimer : la Shoah n'est pas un élément de l'identité juive, elle est un événement, tragique et complètement inoubliable, de l'histoire du peuple juif. Notre identité n'est fondée ni par le malheur, ni sur le malheur, mais sur un message exceptionnel, celui de la Torah, porteur de valeurs universelles que nous devons partager avec le monde entier.

On est juif non pas parce que l'on est enfant d'une mère juive, mais parce que l'on est porteur de ce message. Il ne s'agit en rien de prosélytisme ! Être juif est un choix et nous n'avons aucune ambition de convertir ceux qui nous entourent (contrairement aux chrétiens et aux musulmans…). C'est ce message qui a préservé les Juifs au sein de leurs communautés, qui leur a donné la force intérieure leur permettant de survivre, fixant ainsi des limites aux forces de destruction.

Un mot encore. La Shoah est aussi le fruit de l'aveuglement sinon de la lâcheté des gouvernements qui ont fermé les yeux après s'être bouché les oreilles. Parce que les Juifs, après tout… Or c'est toute l'Europe qui a payé le prix douloureux de cette carence. Il aurait fallu tout de suite élargir le combat. Non pas nous plaindre et crier mais surtout alerter les autres. Comme il faudrait aujourd'hui se garder d'analyser comme principalement judéophobes les islamistes fondamentalistes dont la vraie cible est l'Occident, la démocratie et la laïcité.

Si je rappelle tout cela…

C'est parce qu'il m'apparaît clairement que les Juifs n'ont pas encore pris la mesure de leur liberté politique, économique et religieuse aujourd'hui.

Nous sommes des citoyens libres et égaux en droits, je l'ai dit. Dans ce pays, nous faisons moins partie d'une minorité soumise à une majorité que de la majorité elle-même, coresponsables de la société dans laquelle nous vivons.

Nous avons aussi, en plus, ce message de valeurs universelles évoqué plus haut, qu'il nous faut mieux connaître et mieux faire connaître. Que ces valeurs soient explicitées, valorisées et répandues de manière à ce que les Juifs ne craignent pas, n'aient pas honte – au contraire! – d'être et de rester ce qu'ils sont. Puisque nous ne cherchons pas à convertir, c'est-à-dire à faire entrer dans un système, cela donne à ce message une puissance extraordinaire.

Ce qu'il offre à chacun de nous n'est pas seulement de la nourriture spirituelle, mais des principes de comportement, en tant qu'homme vivant parmi les autres hommes. Ce qui compte, n'est-ce pas d'abord la manière dont je me comporte avec mes semblables dans la réalité de la vie quotidienne, avant même et bien plus que le respect scrupuleux d'antiques prescriptions?

Plus encore qu'un peuple, nous formons une fratrie liée par ce message, liée aussi par la responsabilité de le porter aux autres. Je propose donc une remobilisation des Juifs d'aujourd'hui et des générations à venir autour de ce message revisité par tous ceux qui sont intéressés et concernés par sa portée. Pour ma part, je m'inscris dans une tradition de liberté, de questionnement et de remise en cause qui est ma manière d'apporter quelque contribution au temps et à l'espace de ma vie. Je suis plus enclin, il est vrai, à découvrir, écouter, dialoguer et m'étonner qu'à suivre ou respecter aveuglément ce que mes pères et les pères de mes pères ont fait. C'était déjà le cas à dix-huit ans, je crains de n'être plus guère capable de changer beaucoup... Car je ne crois pas à la perte d'identité par la fréquentation ou le rapprochement d'avec ceux qui sont différents de nous. Je crois aux enrichissements mutuels. Je crois aux apports mutuels.

Pour parvenir à cette « tranquille assurance », il me faut cependant m'approfondir moi-même : plus j'approfondis ma judéité, plus je donne un sens, un contenu, des valeurs et des structures à cette judéité, et mieux je peux gérer avec les autres la réalité qui nous est commune. Être juif, c'est quelque chose à l'intérieur de soi, quelque chose que l'on peut certes partager avec d'autres Juifs parce que tous les groupes humains essaient de se rassembler entre personnes ayant des traits, des goûts ou des convictions en commun. Mais citoyen, je dois l'être pleinement et, en même temps, juif et pleinement juif.

Au travers de ma recherche et de mon questionnement, grâce à l'approfondissement de l'enseignement de la Torah (et pas seulement via les rabbins), à travers cette culture qui est la mienne, je peux apporter quelque chose de différent aux autres. Voilà pourquoi j'aimerais tant que nous sortions de notre isolement pour que les autres acceptent aussi que nous en soyons sortis. Parce qu'en restant «à part», nous créons ou nous participons nous-mêmes à la création des situations conflictuelles qui, en période de crise, nous accablent...

Comportons-nous librement, bien intégrés à nos sociétés, et cessons donc de nous considérer a priori comme des victimes : voilà la manière d'être juif au XXIe siècle ! Quant à l'angoisse... il nous faut en sortir parce que c'est la seule manière, en effet, de la vaincre.

«Choisis la vie», dit le message de Moïse. Eh bien, allons-y. Le monde nous est ouvert !

Je crois qu'il n'y a pas, aujourd'hui, d'antisémitisme organisé en France

Soyons bien clairs : il existe et il existera des actes individuels d'antisémitisme, des actes antijuifs, dans notre pays comme ailleurs. Ce sont des comportements condamnables de personnes qui considèrent que les Juifs sont nocifs, bien souvent sans pouvoir expliquer cette position. Celle-ci est d'ailleurs rarement fondée sur une réflexion, mais sur une conviction fermée à toute approche rationnelle. Je déplore, je m'oppose et je passe à autre chose.

En revanche, s'il y a une structure, un projet, des publications, des actes organisés, des ordres donnés, alors là, oui, il y a antisémitisme. Et donc danger, à combattre évidemment. C'est alors un mouvement de nature politique qui tend à exclure, à enlever ses droits à une partie de la population au seul motif qu'elle est de religion ou de tradition juives. Autrement dit, je crois qu'il n'y a antisémitisme que lorsque coexistent une volonté et une organisation mise en place pour exercer cette volonté.

Disant cela, je sais que certains membres de la communauté ne sont pas du tout en accord avec moi. Je le regrette, mais je maintiens. Il ne me paraît ni raisonnable, ni fondé de déceler et de pointer immédiatement de l'antisémitisme derrière toute injure ou tout acte contre une personne ou un bien juifs.

Je ne suis d'ailleurs pas seul à avoir cette opinion : dans le grand quotidien israélien *Ha'aretz* du 10 avril dernier, le journaliste Eliahu Salpeter, spécialiste des problèmes de la diaspora, ne dit rien d'autre lorsqu'il analyse les réactions en Europe dans un long article portant le titre « Toute critique n'est pas de l'antisémitisme ».

En France, que voit-on : des réactions spontanées de gens hostiles pour telle ou telle raison ? L'expression d'une colère parce que le conflit israélo-palestinien ne laisse personne indifférent ? Cela est possible. Les Juifs de France qui expriment leur solidarité aux Israéliens ont autant de raisons de ressentir les événements et de s'exprimer violemment que les Français d'origine maghrébine, qui se sentent eux solidaires des Palestiniens. Cette violence verbale est condamnable, je ne la partage pas parce que ce n'est pas mon mode de fonctionnement, mais je peux la comprendre.

Lors des manifestations des 6 et 7 avril 2002, les dérapages n'ont été le fait, déplorable, que de quelques agités qu'il est regrettable de n'avoir pu contenir à temps. Mais compte tenu des foules en mouvement et de la nature des causes soutenues, on aurait pu craindre pires débordements.

Certes, le climat se tend et si on ne voit pas de mosquée incendiée, on a vu des synagogues incendiées. Bien sûr j'en suis très choqué et je condamne de tels actes. Mais voilà bien qui ne saurait justifier quoi que ce soit, et certainement pas la nécessité d'un « traitement égal » dans l'escalade stupide de la violence. En revanche, chercher, arrêter et condamner les coupables, oui. Et chercher surtout à savoir si ces actes répréhensibles sont le fait d'individus isolés. Si, au contraire, ils s'avéraient manipulés, encouragés par d'autres, oui, ma réaction serait alors différente, je l'ai dit.

Pour quelle raison insister autant sur cette distinction ? Pour éviter les amalgames rapides, les accusations excessives, les affirmations péremptoires préalables aux enquêtes. On sait le mal qu'engendrent des erreurs de ce type – l'histoire, hélas, en regorge.

Mon camp ? Celui de l'ensemble des communautés

Puis-je rappeler que le rapport 2001 de la Commission nationale consultative des droits de l'homme souligne que la communauté maghrébine est statistiquement la première victime des violences et menaces racistes dans notre pays ? Je le déplore infiniment. Comme je déplore infiniment les violences et menaces racistes contre des membres et des biens de la communauté juive en ce printemps 2002. Nous ne pourrons nous réjouir les uns et les autres que lorsque ces actes cesseront complètement. Je ne puis, pour ma part, me réjouir pour un camp, car mon seul camp est celui de l'ensemble des communautés, c'est-à-dire, en France, celui de la République et plus généralement celui de la démocratie.

Dans ces conditions, chacun comprendra mieux, je l'espère, une position que je crois en effet plus « sage » que « partisane ». Voilà pourquoi je réagis face à ceux qui veulent absolument souligner d'abord le caractère antisémite d'actes spontanés, même s'ils sont très préoccupants, j'en conviens, notamment par leur simultanéité avec l'actualité proche-orientale. Il y a dans notre pays des communautés qui sont naturellement solidaires de ceux qui leur sont les plus proches. Qu'elles s'expriment conformément à leurs convictions ne me paraît pas répréhensible ou condamnable tant que les propos et surtout les actes restent dans les limites du bon sens et du respect des lois. Bien entendu mes contradicteurs diront que je suis un incurable juriste, déphasé par rapport à la situation actuelle. Qu'ils me pardonnent : je n'en crois rien !

J'ai vécu, pour ma part, la montée de l'antisémitisme en France et, Dieu merci, nous en sommes loin. Certes, il y a des excités politiques, religieux, intellectuels. Certes, il y a des jeunes désœuvrés qui ne parviennent pas à trouver une juste et digne place dans notre société et la désignation d'un bouc émissaire reste l'infâme porte de sortie du désespoir. L'injustice aussi, qui nourrit toutes les violences sur les bords du Rhin, de la Volga, du Jourdain, des lacs d'Afrique et des grands fleuves de Chine.

Mais en France, ne nous y trompons pas : les plus hautes autorités de l'État, je le crois vraiment, et une grande majorité de nos concitoyens ne tolèrent d'aucune façon l'antisémitisme. Je ne crois pas que l'on laissera faire ou que l'on considérera comme normal ce qui relève du refus agressif de l'altérité ou du mépris de nos lois républicaines. Si demain d'autres menaces devaient se préciser, les Français, au nombre desquels les Juifs français, sauraient s'y opposer, je veux le croire. Ne tirons donc pas davantage et à tout bout de champ une sonnette d'alarme qui peut, par son caractère intempestif, déclencher d'autres dérapages.

Je voudrais aussi rappeler que notre histoire ne doit pas nous faire oublier non plus le revers de la médaille. Je m'explique : dès l'instant où les Juifs ont pu s'inscrire dans la vie commune du pays où ils vivaient, la plupart d'entre eux s'y sont précipités, non pas pour abandonner leur judéité, mais parce que c'était un mouvement naturel : tout homme a besoin de se développer dans le milieu dans lequel il vit. Et se développer à tous points de vue. Il a besoin d'apprendre et donc de fréquenter les écoles et les universités ; il a besoin de travailler et donc d'exercer une profession et de pouvoir entrer dans toutes celles auxquelles son talent, son savoir, ses compétences peuvent lui donner accès. Bref, les Juifs sont entrés partout où l'entrée était désormais possible.

Or, on les avait jusque-là relégués dans leurs quartiers, leurs écoles, leurs échoppes et voilà qu'on les voyait partout ! Peut-être certains ont-ils trouvé qu'ils étaient quelque peu envahissants ou même des concurrents franchement gênants... Alors oui, il y a eu un certain antisémitisme, une réaction au fait que les Juifs entraient de plain-pied dans une société qui s'était refusée à les accueillir vraiment. Ces réflexes ne nous sont pas réservés.

La France, terre d'immigration

L'histoire de la France, terre d'immigration, est constituée de vagues ininterrompues d'«autres gens» (Belges, Italiens, Polonais, Arméniens, Russes, Espagnols, Portugais, Asiatiques, Arabes, Africains…) qui ont peu à peu trouvé leur place dans la société. Ce ne fut jamais facile et l'on voit bien à quel point comprendre et accepter celui qui n'est pas semblable à soi implique un effort…

Les soupçons, les irritations, les hostilités naissent souvent, dans l'histoire des hommes, de ces changements qui impliquent qu'il faille, pour telle ou telle raison, se pousser un peu, pour partager une place dont on se sentait propriétaire ou locataire premier. La xénophobie engendre toutes les violences, car l'homme a du mal à se confronter à l'image de lui-même qui se reflète dans le visage de l'autre.

La difficulté est lourde aussi, par définition, pour celui qui s'installe. Il n'y a rien de déplaisant à se remémorer ces faits qui témoignent de la nature humaine, ni à se souvenir qu'au temps où nous fûmes minorité juive dans une majorité chrétienne, nous avions aussi à l'égard de celle-ci des soupçons, des méfiances. Certes, ils étaient fondés davantage sur la crainte que sur la méconnaissance. Mais le minoritaire soupçonneux se forge souvent une attitude négative à l'égard de l'autre, qui peut aller jusqu'à la détestation, le mépris ou la haine. Et si l'autre, en face, pense de même, inévitablement la spirale infernale s'enclenche. L'installation dans une position défensive conduit à renforcer le terrain d'affrontement, au lieu de tenter de le « labourer » petit à petit pour parvenir à surmonter cette spirale.

Comment en sortir ? Comment persuader l'autre qu'il peut me regarder autrement ? En prenant conscience de mon propre regard d'abord. Et en construisant peu à peu la relation.

Il s'agit toujours d'un combat politique, d'un combat pour l'égalité des citoyens et du respect par tous des mêmes lois. Dès lors que nous acceptons de nous considérer pleinement comme citoyens d'un pays, nous avons le droit d'exiger que les autres fassent de même. Mais il nous faut alors nous conduire aussi en citoyens comme les autres, même si nos sources culturelles et notre histoire sont différentes. Et ne pas surligner par conséquent, d'entrée de jeu, sans réflexion prospective, un droit à la différence que personnellement je récuse. Nous ne sommes pas différents. Nous sommes les uns et les autres porteurs d'un passé et de valeurs qui, en se confrontant, peuvent s'enrichir mutuellement.

Être juif, pour moi, c'est une plénitude dans la société ouverte qui est aujourd'hui la nôtre.

Je crois qu'on peut être
sereinement et français et israélien

Par les temps qui courent, peut-être trou-vera-t-on que cette assertion est provocante. Je le dis tout net : non. Et je vais développer.

Mais avant toute chose, que chaque lecteur non-juif (ou peut-être même juif ?) tente de comprendre ceci : être juif n'implique pas que l'on soit sioniste, mais on peut l'être. Être juif ne signifie pas que l'on soutienne, incondition-nellement et de manière permanente, la poli-tique du gouvernement d'Israël, quel qu'il soit, mais on peut le faire. À chacun de choisir libre-ment ses positions.

Mais être juif, quelles que soient les opinions politiques ou religieuses, entraîne naturelle-ment un rapport particulier à Israël. De l'atta-chement le plus viscéral au détachement le plus serein, il n'est pas, je crois, de Juif au monde qui ne se sente concerné, avec toutes les nuances que l'on peut imaginer, par ce qui se passe en Israël.

L'histoire de ce pays, les conditions de sa nais-sance, l'espoir qu'il a soulevé, les souffrances qu'il a engendrées aussi, son développement au milieu d'un environnement plus que difficile, le mélange des origines géographiques et culturelles de ses habitants, le courage de ses pionniers, les tentatives de toutes natures pour créer son identité, pour assurer sa survie, pour conquérir sa place politique, diplomatique, économique, culturelle dans le monde et j'en oublie bien sûr, sont autant de raisons pour chaque Juif de n'être jamais très éloigné par la pensée de cet État ancré parfois loin de lui, sur les rives de la Méditerranée.

Israël ne s'est pas fait en un jour

Israël est le pays des Juifs. Mais pas que des Juifs ! Et je voudrais ici remettre en lumière une vérité historique qui semble peu ou mal connue des non-Juifs, des chrétiens en particulier : non, ce n'est pas d'abord en raison de la mauvaise conscience de la communauté internationale face à l'extermination de six millions de Juifs pendant la Shoah qu'aurait été créé l'État d'Israël, sorte de « dette » payée pour que le peuple juif puisse vivre, enfin en paix (!), quelque part. L'État d'Israël s'est créé à la suite d'une longue histoire faite de luttes, d'espoirs, d'énergies déployées par des Juifs décidés à vivre en dignité là où leur marche épuisée ou leurs convictions sionistes les avait conduits : sur la terre de leurs pères.

Cette terre n'était pas vide. Des Arabes l'habitaient, mais de grands espaces n'étaient pas cultivés ou même cultivables, s'agissant surtout de marais. Elle fut asséchée, cultivée, développée, fertilisée par de vigoureux travailleurs installés dans les kibboutzim, les moshavim ou dans des cités parfois ressuscitées. Avec création d'emplois pour les travailleurs arabes aussi. Bien sûr, cela a entraîné des changements pour les populations arabes, notamment pour les chefs locaux. Les Juifs installés étaient des colons, certainement pas des colonialistes.

Je ne nie pas qu'il y ait eu des erreurs de comportement, une insuffisante prise en considération de l'autre et de ses usages qui échappaient peut-être à la compréhension d'émigrants venant en très grande majorité d'Europe orientale où ils avaient vécu dans des ghettos ou des *shtetl*. De part et d'autre, choc de cultures assurément...

Il n'est donc pas acceptable d'entendre ici ou là que les Palestiniens sont en quelque sorte, avec la bénédiction diplomatique internationale, les victimes des victimes de la Shoah. Si l'on a cette curieuse certitude en tête, alors, évidemment, toutes les réactions sont faussées !

L'État d'Israël a été proclamé le 14 mai 1948, à Tel-Aviv, par Ben Gourion, quelques mois après l'adoption par l'ONU, le 29 novembre 1947, d'un plan de partage de la Palestine jusque-là anglaise, en deux États, l'un juif, l'autre arabe – Jérusalem étant dotée d'un statut international –, et avec une union économique. La reconnaissance des États-Unis et de l'URSS a été immédiate.

Dès le lendemain cependant, les Arabes n'ayant pas accepté ce plan de partage, Tel-Aviv est bombardée par l'aviation égyptienne. Une première guerre commence. Il y en aura trois autres, en 1956, 1967, 1973. Aujourd'hui est encore la prolongation d'hier et d'avant-hier. Parce que l'on n'a pas eu assez de courage politique de part et d'autre, j'y reviendrai.

Le 14 mai 1948 est précisément la veille du jour où le mandat britannique prend fin sur la « Palestine anglaise ». Celle-ci compte alors 1,3 million d'Arabes palestiniens, vivant de manière traditionnelle, attachés à leur maison et à leur village.

Par ailleurs, 600 000 Juifs s'y sont progressivement installés, vivant depuis quelque cinquante ans en voisinage paisible ou franchement belliqueux avec leurs voisins arabes, sous l'autorité de Britanniques aux comportements fluctuants. Mais ils ont longuement préparé leur avenir : par exemple, dès 1920, la Histadrout, le grand syndicat ouvrier, a investi dans le développement d'industries. Ainsi a pu notamment se préparer le système de défense et d'autodéfense d'abord. Développement urbain, développement économique, développement agricole, développement de structures politiques et sociales, les sionistes s'étaient longuement préparés à organiser leur future indépendance. De leur côté, les autorités arabes étaient loin d'avoir fait les mêmes efforts.

L'État israélien ne s'est donc pas fait en un jour... Et évoquer ici comment cette population s'est peu à peu implantée sur cette terre d'Abraham, notre père commun, ne me paraît pas, à cet égard, tout à fait inutile. En commençant par rappeler qu'il y a toujours eu des Juifs sur la terre de Palestine, souvent persécutés, mais résistant dans une ville ou une autre, comme à Jérusalem ou à Safed. À Jérusalem, en 1905, la population est très majoritairement juive.

C'est à la suite des pogroms en Russie que les premiers Juifs arrivent entre 1882 et 1903 dans ce qui n'est alors qu'une province de l'Empire ottoman. La deuxième *alya* (1904-1914) totalise 40 000 immigrants (dont le jeune David Grün – Ben Gourion – et Moshe Sharett), essentiellement en provenance d'Europe orientale. Le premier kibboutz est créé en 1909.

En 1914, la Palestine compte 85 000 Juifs sur un total mondial de 13 millions (dont plus de 6 millions dans l'Empire russe, l'Europe centrale et orientale et 3 millions aux États-Unis).

Après la Première Guerre mondiale, c'est la troisième *alya* : 35 000 immigrants originaires de Lituanie, Russie, Pologne entre 1919 et 1923. Puis la quatrième (1924-1928) constituée surtout de Polonais (60 000). À la fin des années vingt, 160 000 Juifs se sont installés en Palestine.

En 1931, les Juifs représentent 18 % de la population de Palestine, 30 % en 1935 – soit 400 000 personnes. Car la cinquième vague (1933-1939) est composée cette fois de Juifs allemands fuyant le nazisme : 30 000 en 1933, 42 000 en 1934, 62 000 en 1935.

En 1939, la population juive mondiale est de 17 millions. La Seconde Guerre mondiale verra l'élimination du tiers de celle-ci, dont 85 % vivait en Europe orientale (c'est de cette région que bien plus tard, fin 1989, viendra la grande vague d'émigration de l'URSS vers Israël).

Entre 1939 et 1945, 15 000 immigrants parviennent en Palestine en dépit des résistances anglaises – les organisations sionistes s'étant fortement mobilisées.

Le lendemain de sa proclamation en 1948, la première guerre qu'affronte l'État d'Israël l'oppose à cinq pays arabes : l'Égypte, la Transjordanie, la Syrie, le Liban et l'Irak. Son existence est en jeu. Israël l'emporte après dix mois de combats sur plusieurs fronts, élargit ses frontières par rapport au plan de partage initial et ce qui reste du territoire palestinien est partagé entre l'Égypte et la Jordanie. 6 000 morts au cours de cette guerre d'indépendance vitale, 700 000 réfugiés palestiniens qui quittent leurs maisons, le tribut est considérable. Il l'est encore aujourd'hui.

Quel est donc le Juif américain, français, italien, marocain ou lituanien qui ne se sentirait concerné par ce qui se passe là-bas ?

Français... et Israélien

Alors, pour ma part, français et israélien à la fois, je veux m'expliquer et expliquer. D'autant que contrairement à ce que pensent peut-être certains, je suis issu d'une famille qui ne croyait

pas au sionisme. Une famille juive et profondément juive, issue des deux rives du Rhin,
strictement orthodoxe dans son respect des
obligations (*mitzvot*) de la Torah, avec une vie
professionnelle et civile largement ouverte sur
l'extérieur : mon père, comme son père, était
médecin et mon arrière-grand-père avait été
grand rabbin de Colmar et du Haut-Rhin.

Ce n'est qu'en 1958 que je me suis rendu
pour la première fois en Israël. Surprise ! Je
connaissais tous les visages que je croisais dans
la rue, j'imaginais toutes les vies vécues par ces
hommes et ces femmes parlant quarante
langues différentes, je découvrais grâce à eux un
hébreu vivant, sorti des livres de prières et
d'études et je décidais d'apprendre à le parler
comme eux. Trois fois par an, j'y retournais,
liant des contacts amicaux et professionnels.

Paisiblement, heureux d'un équilibre qui me
permettait de vivre en harmonie ces deux fidéli-
tés héritées de l'histoire de ma famille, je deve-
nais ce que je suis : Israélien en Israël, Français
en France, les deux, à la fois, toujours.

En 1967, secrétaire général du Comité de
coordination des organisations juives de France,
je pars pour Israël le matin même du jour où
éclate la guerre des Six Jours, en compagnie
d'une délégation de parlementaires et de res-

ponsables communautaires français. Je me trouve donc à Jérusalem, avec Teddy Kollek, maire de la ville, Shimon Pérès et Ben Gourion, ce 8 juin 1967, au pied du mur occidental du Temple désormais accessible, alors que des tirs crépitent encore, un peu plus loin...

Je touche doucement la pierre et j'ai l'impression que ma main est saisie par une autre main fraternelle qui, traversant les siècles, me lie irrévocablement au passé de mon peuple. Je comprends, confusément, mais très fermement, que je dois prendre le relais.

Voilà pourquoi il m'est si naturel d'affirmer ma double identité de Français et d'Israélien. Et puisque la loi du retour me le permettait et bien que je n'aie pas songé très sérieusement à m'installer en Israël où j'allais souvent pour mon travail, j'ai acquis la nationalité israélienne. Ayant retrouvé une origine, mon origine lointaine, il m'a semblé logique d'aller ainsi au bout de cette reconnaissance, sachant que je n'avais pas pour cela à abandonner la nationalité française à laquelle je suis profondément attaché. La loi du retour me donnait la possibilité de retrouver mon origine, ma nationalité d'origine.

Je suis un lointain Judéen et je reste profondément français. Pour moi, il n'y a pas de double allégeance, pas de difficulté insurmontable. J'ai des devoirs vis-à-vis de la France et j'entends aller au bout de ceux-ci, et j'ai peut-être, et sans doute, des devoirs à l'égard d'Israël et je veux aller au bout de ces devoirs aussi. Il faudrait qu'il y ait une contradiction absolue et totale, presque une guerre entre Israël et la France pour que je me trouve dans une situation difficile. Mais que j'aie la nationalité israélienne ou pas, je serais quasiment dans la même situation difficile! Certes, je me suis interdit de briguer un mandat municipal ou départemental ou national. Les seuls mandats que j'ai eus étaient à l'intérieur de la communauté juive, ce qui ne me posait pas de problème particulier.

Certains ont prétendu que cela pouvait nuire à la réputation ou à la représentation de la communauté juive. Tout le monde sait que j'ai la double nationalité depuis longtemps, que je suis quelqu'un qui s'exprime publiquement, d'une manière assez forte, et Dieu merci, personne n'a jusqu'ici utilisé contre moi cet argument de la double allégeance, notamment pas de Français non-juifs. Certaines personnes de la communauté juive regrettent peut-être cette situation, c'est possible. Mais je n'ai pas eu, notamment pas parmi les personnalités françaises que je connais, le sentiment qu'elles me regardaient comme un Français qui ne serait pas digne de l'être.

C'est une situation strictement individuelle et personnelle. Je n'ai jamais été sioniste à proprement parler. Je comprends parfaitement l'intérêt historique du mouvement politique sioniste pour aboutir au retour sur la terre d'Israël et à la naissance de l'État d'Israël. Mais sur le plan individuel, il me semble qu'est sioniste celui qui décide vraiment de s'installer là-bas, qui fait cette démarche jusqu'au bout. Il n'y a pas pour moi d'obligation à aller vivre en Israël.

Israël est certes le lieu où un Juif peut vivre le plus complètement sa judéité. Parce qu'il vit sur une terre à laquelle il est attaché par son histoire, il parle une langue qui est exclusivement une langue juive, il apprend, il vit dans la continuité d'une histoire qui est l'histoire juive, donc il est dans l'atmosphère et dans les conditions idéales pour vivre le plus pleinement possible sa judéité, sans contradiction trop forte.

Alors que le Juif qui vit en dehors d'Israël n'a pas cette plénitude. Ce qui ne veut pas dire qu'il n'est pas pleinement juif! Mais il ne l'est pas dans les mêmes conditions de plénitude puisque la langue qu'il parle usuellement n'est pas l'hébreu, la terre sur laquelle il vit n'est pas une terre à laquelle il est rattaché par une histoire ancienne et par sa culture juive, et il est en contact permanent avec des gens qui ne sont pas juifs, dans une société qui généralement est marquée par une autre culture religieuse. Le catholicisme en France, le protestantisme aux États-Unis, etc.

Le Juif en Israël est un Juif qui vit pleinement sa vie juive. C'est, qu'il soit croyant ou non-croyant, un homme complet.

Juif… et laïc

Par ailleurs, et c'est un point important, j'aimerais partager ce qui suit avec, en particulier, tous les Juifs français laïcs qui, comme moi, ne sont donc ni croyants, ni fidèlement respectueux des commandements, mais qui assument pleinement et sereinement leur judéité et souhaitent la transmettre : la Torah me donne un enseignement qui m'autorise à penser que j'ai peut-être un message à porter au-delà de la communauté ou du groupe humain auquel j'appartiens. Il me faut donc accomplir cette mission en dehors de mon foyer naturel, et je peux mieux l'accomplir en effet aujourd'hui parce que je peux adapter ce message à la culture de ceux auxquels je vais l'apporter. Je peux même y apporter des corrections, des enrichissements recueillis dans les populations avec lesquelles je vis. Car je ne pense pas qu'il soit figé une fois pour toutes, fébrilement conservé par ceux de ma communauté qui – je le respecte, mais le déplore – ont à cœur de le maintenir inchangé. J'aimerais seulement qu'eux acceptent aussi l'idée qu'ils ne sont pas les seuls « bons » détenteurs d'une judéité parfaite au prétexte qu'ils en respectent les rites anciens. Pour ce faire, il faut admettre l'altérité. Il faut avoir une ouverture d'esprit, un désir d'empathie avec autrui. Ne nous reproche-t-on pas parfois cet enfermement ? Ah ! Si cette manière de « voir les choses autrement » pouvait mettre un terme à certains de ces aveuglements, nous ouvrir le cerveau et le cœur, sans crainte de perte, mais au contraire, en vue d'un gain...

Car le message n'est pas : devenez juif ! Non ! Il est de fonder son comportement sur un certain nombre de valeurs et de règles économiques et morales qui, je le crois fondamentalement, peuvent améliorer les rapports entre les hommes et faire en sorte que l'humanité soit un peu meilleure. C'est un message éthique, universel, qui s'est enrichi constamment et qui est ouvert à tous.

Alors bien sûr, les tenants du judaïsme traditionnel objectent qu'au-delà du maintien dans le cadre strict de la tradition, on va à la perdition (« on perd des Juifs » entend-on quelquefois). Est-ce si certain ? Car le danger de cette position traditionaliste est qu'en n'y adhérant pas pleinement, on s'exclurait du groupe – ce qui serait, alors, le cas de beaucoup d'entre nous. « La tradition, rien que la tradition » comme seule voie du maintien des Juifs dans leur judéité m'apparaît donc plutôt *aujourd'hui* comme un appel à la désertion.

Je suis pour ma part beaucoup plus confiant dans la capacité de l'homme (et même des femmes et des hommes juifs !) à ouvrir les portes de ce ghetto mental, et à ne pas craindre que la force vive de la communauté se disperse dès lors que la tradition ne serait pas intégralement transmise et respectée de génération en génération. Lesquelles attendent aussi quelque renouvellement, que je sache. Non ! Nous Juifs continuons d'être porteurs d'un enseignement et d'une éthique qui ont déjà fortement imprégné diverses civilisations. Demeurons les adeptes de cet éternel questionnement que nos pères nous ont appris à manipuler pour interroger le monde et interpeller nos connaissances. Soyons ce que nous savons le mieux être : les ouvriers d'un inépuisable dialogue entre les hommes et les cultures.

Je reconnais volontiers que c'est un langage nouveau et que donc, comme tout langage nouveau, il peut comporter des erreurs ou ne pas être compris. Je l'admets volontiers, mais je le sens si fortement que je ne peux pas ne pas le faire connaître et le répandre. Je me sens, en quelque sorte, la responsabilité de dire ce que je dis, de prendre le risque de le dire haut et fort. Après tout, je n'impose ce message à personne !

Ce que je dis, je l'exprime parce que je le ressens spontanément et totalement. La liberté que je prends est simplement liée au fait que ce que je dis est totalement et uniquement ce que je pense. Lorsqu'on arrive à un moment de sa vie où l'on éprouve le besoin de dire ce que l'on sent pour que les autres puissent aussi s'ouvrir à leur tour, non pas en adhérant forcément à ce qu'on dit, mais en acceptant le fait que tout homme qui pense est en droit d'exprimer ses pensées parce qu'elles lui paraissent suffisamment cohérentes et importantes pour être connues. Je crois qu'il faut encourager ce mouvement.

N'est-ce pas ainsi que l'humanité peut progresser peu à peu ?

Je crois à la force de la raison sur l'émotion

Lever d'abord toute ambiguïté.

La force que j'évoque ici ne signifie évidemment pas la brutalité, la violence ou la primauté absolue de la raison sur l'émotion !

J'entends par raison la double capacité de l'homme à se représenter adéquatement la réalité – il est rationnel – et à agir avec mesure – il est raisonnable. On pourrait dire autrement : l'art de prendre du recul, des distances, de garder de la mesure, d'agir de sang-froid, etc.

Quant à l'émotion, elle est évidemment partie intégrante de notre vie quotidienne, source de bonheurs et source de malheurs aussi. «L'émotion nous égare, c'est son principal mérite», affirmait Oscar Wilde et j'en suis bien d'accord.

Alors, précisément, voilà où je veux en venir : dans le contexte particulièrement tendu que nous vivons aujourd'hui, plus que l'émotion, la raison me paraît devoir *d'abord* nous guider. Or, il y a dans le tempérament juif une capacité formidable d'émotion : sens de la fête, artistes et créations en nombre, débordements de générosité et d'affection – la sobriété n'est pas spontanément notre mode ! Il y a aussi dans le caractère juif une capacité et même une culture de la raison : intellectuels, hommes d'affaires, organisateurs en tous domaines, je n'ai pas besoin d'insister ! Les deux composantes, émotion/raison, s'affrontent parfois en chacun de nous et nombre d'actions ou de réactions témoignent soit de la primauté de l'une sur l'autre, soit de la conjugaison (conflictuelle ou non) des deux. Quand on propose à un non-Juif d'évoquer spontanément des noms de personnalités marquantes, il répond souvent Rubinstein ou Menuhin en même temps qu'Einstein ou Freud ! Faut-il placer Abraham, Moïse, Ézéchiel, David, Esther ou Deborah dans cette dispute souriante ? Chacun choisira.

Pour l'heure, j'aimerais appeler à une tentative d'effort *en faveur de la raison* pour parvenir, lorsque cela est nécessaire, à mieux maîtriser les réflexes, à mieux mobiliser les capacités d'analyse, à mieux favoriser l'émergence de solutions compatibles avec la partie adverse.

Je pars du point de vue que, dans la vie, on ne peut jamais obtenir la totalité de ce que l'on peut souhaiter. Ni du temps qu'il fait, ni de la terre que l'on cultive, ni de rien. Il y a toujours une certaine relativité des choses. Le pouvoir absolu existe peut-être si Dieu existe, mais je dois dire que si Dieu existe et exerce le pouvoir absolu, les résultats sur Terre ne sont pas à sa gloire ! Existe-t-il une autorité qui pourrait éviter tout ce que nous appelons le hasard, c'est-à-dire la conjonction de phénomènes qui ne sont pas toujours dus au hasard par eux-mêmes, mais qui créent pour nous une situation que nous n'avions pas prévue ? Je ne le sais pas.

Ce qui est sûr en revanche, c'est qu'il y a place pour l'homme et place pour que l'homme essaie de négocier à tout moment l'équilibre permettant aux uns et aux autres de vivre ensemble.

Nous cherchons en effet à vivre dans l'équilibre de la nature, nous cherchons à créer constamment des équilibres dans notre vie privée, dans notre vie familiale, nous passons notre temps à essayer de régler des litiges, qui sont des litiges potentiels, puisque chacun a sa manière de réagir. Alors pourquoi ne pourrait-on essayer de les régler aussi avec nos voisins ?

Je crois profondément à l'intelligence de l'homme et donc à sa capacité d'essayer à tout moment de trouver des solutions qui ne soient pas des solutions de violence, qui permettent d'apaiser et d'équilibrer les choses et donc de faire que la vie se déroule dans le calme et une sérénité toujours relative certes, mais meilleure en tout cas que le désordre ou la brutalité.

Tout est possible à partir du moment où l'on accepte de faire la première démarche. J'ai pu constater cela à de nombreuses reprises : proposer de rencontrer l'autre et l'écouter. Lui demander ensuite de vous écouter à votre tour. Mais l'essentiel est le premier pas accompli. Car lorsque vous avez écouté l'autre, vous le comprenez mieux et vous arrivez à discerner chez lui ce sur quoi vous pourrez vous entendre et ce sur quoi vous n'y parviendrez pas. Ensuite vous pourrez voir comment aboutir malgré tout, comment aboutir à quelque chose qui empêche un conflit violent.

Parfois, il s'agit tout simplement de respecter certaines choses chez l'autre, mais à condition que ça ne sorte pas des limites de son chez-lui et ne vienne pas perturber votre chez-vous. Ce ne sera peut-être pas la solution idéale, mais ce sera au moins une solution.

Dialogue avec un représentant de la Ligue arabe

En tant qu'avocat, en tant que conseil ou médiateur bien plus souvent encore, j'ai mis en œuvre cette stratégie de « première démarche » qui s'est pratiquement toujours révélée positive pour débloquer une situation d'impasse. Pas forcément immédiatement, pas forcément facilement, mais toujours efficacement. Cette méthode a été particulièrement précieuse et enrichissante lors de deux moments importants de ma vie, fort différents par leurs enjeux.

L'un d'eux fut le dialogue avec le représentant de la Ligue arabe en France, Hamadi Essid, à la fin des années quatre-vingt. Imaginez l'insolence pour le président du CRIF (élu en 1983) qui, sans consulter personne, ni même en informer qui que ce soit, entre en dialogue avec le chef de la mission de la Ligue arabe à Paris ! C'était un acte important pour chacun de nous deux, dans la mesure où lui comme moi passions outre à un tabou pour essayer d'établir un pont ou peut-être constater que le pont ne pouvait pas être jeté.

Donc, nous avons choisi, l'un comme l'autre, d'aller au-delà de ce qui était la norme.

Nous nous sommes rencontrés lors d'une émission de télévision (« Duel ») en janvier 1988, un mois après le début de la première Intifada. On m'avait beaucoup recommandé de ne pas aller à cette confrontation. J'y suis allé tout de même. Nous nous sommes accrochés comme il convenait, nous nous sommes serré la main après l'émission, puis nous avons été à nouveau confrontés l'un à l'autre quelques semaines plus tard lors d'un débat à la mairie du XVIᵉ arrondissement.

Un beau jour il m'a téléphoné, il souhaitait me voir pour me proposer de faire un livre. Lors de notre rencontre, je lui ai offert à boire et il m'a dit : « Non, c'est le Ramadan, je ne bois rien. » Il était musulman pratiquant.

Faire le livre ne fut pas chose facile. Il avait été le représentant de la Ligue arabe auprès des Palestiniens au Liban, il connaissait bien la position des Palestiniens et il était passionné. Ce qu'il a écrit m'a parfois beaucoup choqué, mais il a dit ceci à l'éditeur, qui d'ailleurs était juif : « Si dans ce que j'ai écrit il y a des faits qui se révèlent faux, dites-le moi et je corrigerai ; les fautes que j'aurais pu commettre, je les corrigerai ; les sentiments que j'exprime sont les miens. »

Nous nous sommes exprimés chacun séparément sur la situation au Proche-Orient, sur nos itinéraires personnels, sur le sionisme, sur Arafat, sur les conditions de guerre, sur les conditions de paix, etc., puis avec la médiation de J.-P. Langellier, journaliste du *Monde*, nous avons débattu ensemble, « sans agression, ni reniement ». Ni lui ni moi n'avions un mandat pour parler et c'est cette liberté – nous parlions à titre personnel – qui nous a permis d'entreprendre ce dialogue[1].

Hamadi Essid, journaliste et diplomate, était né en Tunisie. Il devint pour moi un ami et j'ai découvert après sa mort, en rencontrant des membres de sa famille ainsi que, récemment, Habib Bourguiba junior, que lui aussi me considérait comme tel.

Nous n'avons fait aucun compromis, nous avons exprimé des sentiments, nous avons raconté une histoire, nous avons présenté les événements tels que nous pensions devoir les présenter. Puis nous avons dialogué. J'exprimais des idées qui ne niaient pas le droit des Palestiniens d'avoir leur propre État – dont j'étais déjà partisan. J'ai dit aussi que les Palestiniens devaient avoir le droit d'exister comme peuple. Bien plus, j'ai exprimé dans ce livre l'idée que les Palestiniens étaient ou pourraient être le passeport des Israéliens vers le monde arabe et que d'autre part, les Palestiniens avaient besoin, eux, de l'existence d'Israël pour avoir droit à leur propre existence. Sans l'existence d'Israël, les États arabes n'accepteraient pas qu'il existe un État palestinien. On était en 1988...

---

1. Publié sous le titre *Deux Vérités en face*, Lieu Commun, 1988.

Le dialogue, qui permet d'avancer par une meilleure connaissance réciproque des positions de chacun, est toujours le préalable nécessaire. Tout comme le désir sincère de ce dialogue. Ce qui ne le rend évidemment pas plus facile! Cependant, il oblige à mettre au clair ses propres idées et à entendre l'autre, mieux, à l'écouter. Il implique du temps et de la patience. Il nécessite de savoir mettre en avant la raison pour surmonter l'émotion. Laquelle rend parfois brusquement sourd et aveugle...

Nous n'avons pas réglé le destin de nos peuples et cela ne pouvait être notre ambition. Mais nous avons compris l'un et l'autre, et j'y pense encore aujourd'hui, qu'il nous était possible, même opposés, de dialoguer.

Relire aujourd'hui les lignes qui furent écrites il y a treize ans est confondant tant elles témoignent de la pérennité des problématiques, tant elles soulignent les blocages psychologiques et politiques, tant elles montrent à quel point les tentatives de rapprochement étaient possibles, en dépit de tout. Tous les deux, lui du côté des Palestiniens et moi du côté des Israéliens, nous étions, par ce dialogue et les efforts qu'il impliquait, en mesure de «faire la paix». Je trouve à cette relecture la confirmation certaine de l'utilité de l'exercice et du bien-fondé des efforts accomplis ensemble. Mais combien douloureux est aussi le regret qu'il n'ait pas été poursuivi au niveau qui devait *et qui doit* être le sien : le niveau politique.

Dialogue avec les représentants de l'Église catholique

La deuxième expérience majeure de dialogue de ma vie avait démarré en 1986. Là aussi, dans un contexte marqué par des incidents pénibles, il a vraiment fallu maîtriser l'émotion pour faire place à la raison, et imaginer et mettre en œuvre des solutions inédites.

Je rappelle le contexte : en 1985, des religieuses carmélites s'installent sur le site du camp d'Auschwitz, avec l'autorisation de l'Église, afin d'ouvrir un lieu de prière pour les victimes et les bourreaux. L'irruption de ces religieuses catholiques sur le lieu du plus extrême désastre pour les Juifs, qui en ont représenté plus de 90 % des victimes, alerte la communauté juive belge qui nous en informe rapidement.

Je venais d'être reconduit dans les fonctions de président du CRIF et peu de temps auparavant, à Genève, au cours d'une réunion du

Congrès juif européen, j'avais rencontré Pierre Aubert, conseiller fédéral aux Affaires étrangères. Il m'avait volontiers donné son accord pour accueillir le cas échéant en Suisse une négociation entre représentants juifs et catholiques à propos du Carmel d'Auschwitz. J'avais, en effet, cette idée.

Ainsi, je rencontre à ce sujet Mgr Lustiger, cardinal-archevêque de Paris, qui ne me répond pas immédiatement sur le bien-fondé de cette initiative, mais, après consultation des Polonais, l'approuve quelques jours plus tard.

Je mets sur pied la négociation en relation avec lui et, plus tard, avec le cardinal Decourtray et mes amis Ady Steg et le grand rabbin Sirat.

La composition de chacune des deux délégations est un exercice important et subtil. Du côté catholique : le cardinal Daneels, primat de Belgique ; le cardinal Decourtray, archevêque de Lyon, chef de la délégation ; le cardinal Lustiger, archevêque de Paris ; le cardinal Macharski, archevêque de Cracovie, assisté du père Musial ; et enfin Jerzy Turowicz, intellectuel laïc du groupe catholique libéral Znak.

Du côté juif : Tullia Levi, présidente de l'union des communautés juives italiennes ; Markus Pardès, responsable de l'organisation communautaire en Belgique ; le grand rabbin Sirat, qui a bien voulu accepter en dépit de l'opposition des instances supérieures du Consistoire central ; le professeur Ady Steg, et moi-même. Dans un deuxième temps, nous sommes rejoints par le docteur Ehrlich, le docteur Riegner du Congrès juif mondial, le professeur Schnek et Sam Hoffenberg.

La première entrevue a lieu au château de Prégny, sur les bords du lac de Genève, grâce à l'hospitalité d'Edmond de Rothschild et sous les auspices des autorités helvétiques, représentées par le directeur de cabinet de Pierre Aubert, empêché.

Nous avons procédé en deux temps. J'estimais, en accord avec le cardinal Lustiger, que nous ne pourrions aboutir à un accord dès la première rencontre.

La déclaration initiale que j'avais rédigée et soumise aux autorités juives est présentée à la délégation catholique qui l'accepte sans modification. Elle avait pour objet de rappeler ce qu'Auschwitz symbolise, et en même temps, de donner un signe d'apaisement de la part des autorités catholiques aux communautés juives. Car leur émotion était vive.

Au cours de cette première réunion, en juillet 1986, et à notre grande surprise, le cardinal-archevêque de Cracovie, après avoir rappelé tout de même qu'Auschwitz était aussi une catastrophe pour les Polonais qui y avaient précédé les Juifs, après avoir rappelé aussi qu'une bonne partie du peuple polonais était destinée, selon l'idée d'Hitler, à être assassinée à son tour, le cardinal nous a dit que la pièce centrale du bâtiment où s'étaient installées les sœurs resterait en l'état pour marquer le caractère provisoire de leur présence.

Cette déclaration spontanée du cardinal-archevêque a beaucoup étonné le cardinal Lustiger qui s'est tourné vers lui : « Mais, est-ce que tu te rends compte de ce que tu viens de dire ? » Et il a dit : « Oui, je m'en rends compte. »

Cette première réunion fut jugée positive. Et pour marquer auprès de la communauté juive la position ouverte des cardinaux, je les ai invités au dîner du CRIF, deuxième du genre, présidé cette année-là par Jacques Chirac, Premier ministre. Le cardinal de Cracovie était là, le cardinal Lustiger aussi, le cardinal Decourtray s'était fait excuser, ainsi que le cardinal Daneels.

La deuxième rencontre eut lieu au mois de février 1987, toujours au château de Prégny, mis gracieusement à notre disposition (repas casher compris !) par Edmond de Rothschild. Nous avons fini par signer une déclaration proposée cette fois en grande partie par les catholiques.

Il faut tout de même préciser que cela ne s'est pas passé sans quelques difficultés, au sein de la délégation catholique essentiellement...

L'accord de 1987 prévoyait le relogement des sœurs dans un centre à construire, que les catholiques auraient voulu judéo-catholique (mais nous n'étions pas prêts à une telle initiative). Il se serait agi d'un centre « d'information, d'éducation, de rencontre et de prière » installé « hors des territoires des camps d'Auschwitz-Birkenau », ce qui nous donnait satisfaction.

Il était précisé aussi qu'Auschwitz resterait neutre du point de vue religieux : ni synagogue, ni temple, ni église catholique romaine, ni église orthodoxe. Tout ce que prévoyait l'accord devait être mis en œuvre dans les deux ans.

En 1989, rien n'avait encore été mis en application. Des incidents relativement violents avaient éclaté à l'été 1989, le primat de Pologne ayant déclaré notamment que les signataires de l'accord n'avaient pas la compétence requise pour signer ! Les lenteurs et autres vicissitudes relevaient plutôt d'un problème polono-polonais que judéo-chrétien. Mais comme l'Église avait engagé sa parole, elle ne pouvait longuement l'«oublier». Les incidents, atermoiements et courriers échangés furent nombreux. La tension montait, j'en étais très préoccupé.

Finalement, c'est le pape qui est intervenu pour obtenir le départ des religieuses. Il faut dire aussi qu'au printemps 1990, le général Jaruzelski avait dû abandonner le pouvoir et les nouvelles autorités polonaises ont alors favorisé la mise en application des accords[1].

Voici ce que je tire de cette expérience. Au départ, les positions semblaient difficiles à concilier : émotion d'un côté, convictions de l'autre. Nous avions des droits à faire valoir, nous devions nous défendre et exiger que nos droits, même s'ils n'étaient que moraux, soient respectés. Ce fut compris. Si tel n'avait pas été le cas, nous aurions évidemment dû recourir à d'autres moyens.

À partir du moment où vous faites une démarche en vue d'ouvrir une négociation, vous donnez l'occasion à l'autre partie de dire oui ou non. Vous la mettez dans une situation d'éventuel refus. Mais en réalité, vous lui offrez d'entrer dans cette négociation ! Si elle refuse, elle

---

1. Tous ces événements sont relatés dans *L'Affaire du Carmel d'Auschwitz* (Éditions Jacques Bertoin, 1991).

prend la responsabilité de ce refus et vous, vous avez l'avantage d'avoir essayé d'ouvrir la porte.

Je crois que c'est la meilleure tactique possible. Même lorsqu'on est le plus faible, c'est tout de même la plus forte des positions parce qu'elle est supérieure à la réclamation, au cri de détresse ou à la simple protestation. Ouvrir une négociation, en prendre l'initiative, c'est faire admettre sa qualité d'interlocuteur. Tant que vous protestez, vous n'êtes même pas un interlocuteur ; vous n'êtes rien du tout, vous êtes une voix qui crie dans le désert. Je me refusais à implorer une grâce – même papale – là où ma sensibilité me dictait d'exiger qu'elle soit reconnue et respectée. À partir du moment où la négociation est ouverte, vous avez déjà atteint le stade de l'interlocuteur, on reconnaît donc qu'il y a quelque chose à mettre au jour avec vous. On reconnaît qu'il y a certainement un droit ou une demande que vous pouvez faire valoir.

Ce fut, dans cette affaire, le « triomphe » de la raison qui s'obstine et ne se laisse pas submerger par l'émotion qui brouille le discours et décourage la pugnacité.

Pas toujours facile…

Je crois à la nécessité
d'un bilan honnête du passé
pour pouvoir reconstruire l'avenir

La situation en Israël est arrivée à un tel point de blocage qu'au-delà des initiatives diplomatiques en cours, seul un bilan honnête du passé pourra permettre la reconstruction de l'avenir sur ce champ de ruines matérielles et morales.

Les hommes, de tous temps, s'ingénient à détruire, puis à reconstruire. On a détruit, on reconstruira. Voilà pour le matériel. C'est pitoyable, consternant, terrible pour chacune des parties. Et pas de manière identique, évidemment.

Bien plus terribles encore sont les ruines morales. L'escalade des violences de part et d'autre, l'aveuglement des chefs de guerre, la rage de vaincre et de faire plier, la sidération des civils face aux révélations des exactions – qu'on ne dise pas, surtout pas, que le « bon droit » ou la « légitime défense » ont anesthésié les consciences, toutes les consciences des Israéliens et des Palestiniens. Violence aveugle et barbare des attentats-suicide, violence prétendument ciblée de la riposte de l'armée israélienne. Une espèce d'apocalypse de la violence, chacun trouvant la justification de sa propre violence dans la violence d'autrui.

On attaque. On se défend. On se hait. Plus encore aujourd'hui qu'hier. Et chacun fera porter à l'autre la responsabilité du désastre. Chacun en est pour partie responsable, en effet.

Qu'on n'attende pas de moi une description manichéenne de la situation, car il y a des fautes graves, de part et d'autre. Mais une fois que l'on a dit cela, qu'a-t-on dit ? Rien. Rien en tout cas qui puisse, à mes yeux, justifier l'absurde escalade. Et il faut ajouter ceci : cette guerre qui ne fut pas déclarée oppose d'un côté un État et donc une armée instituée, et de l'autre, une population sans État et une Autorité sans structures, résumée en la personne d'un homme qui est loin d'avoir démontré sa transformation de chef de guerre en homme d'État.

Puis-je maintenant proposer ce qui me paraît aussi inévitable que nécessaire : considérer le point de vue de chacun pour tenter de dresser un constat des erreurs, des manquements, des aveuglements, de part et d'autre. En tirer les enseignements nécessaires. Cela doit être possible lorsque l'on partage un même objectif. Lequel ? Vivre en paix !

Le veulent-ils, là-bas ? Interrogeons les passants, israéliens, palestiniens, arabes, musulmans, chrétiens, juifs, riches, pauvres, jeunes, vieux, hommes, femmes, enfants. Que disent-ils ? Je parie pour la réponse unanime : la paix.

Les Palestiniens et les Israéliens, qui utilisent ce même mot de paix pour se saluer (*salam*, *shalom*), sont pourtant victimes d'une méfiance réciproque. Ils ont peur les uns comme les autres et, chaque fois, les uns des autres. C'est cette peur qu'il faut vaincre. Comment ? En tentant d'écouter mutuellement les griefs que nous avons et les haines que nous nous portons, d'examiner patiemment, jusqu'où et comment nous pouvons tenter de les éliminer.

Je tente l'exercice, moi, Français et Israélien, avocat, grand-père, ami de Juifs, ami d'Arabes. Avec quelques dizaines d'années de vol sur cette terre !

Commençons évidemment par l'histoire, cette « mêlée étrange où les hommes qui se combattent servent souvent la même cause », soupirait Jean Jaurès... Il me semble assez clair que l'identité nationale palestinienne est née du même mouvement que celui qui a fait naître l'identité israélienne. Je ne veux évidemment pas dire par là que le sionisme serait à la base du nationalisme palestinien, ce qui serait une grossière stupidité, mais que le développement du nationalisme israélien, la création de l'État d'Israël, le développement de ce pays et sa construction par des citoyens a été, pour les Palestiniens, une sorte de démonstration grandeur nature de la création et de l'établissement d'une souveraineté.

Naissance des identités nationales...

Ils se considéraient auparavant comme des membres de la nation arabe qui comprenait de nombreux États. Il n'y avait pas derrière eux cependant l'histoire d'un État palestinien, l'histoire d'une autorité centrale palestinienne. Il y avait bien des chefs locaux, mais il faut remonter très loin dans l'histoire pour trouver le signe d'une souveraineté. Celle de Saladin (1138-1193) était-elle une souveraineté palestinienne ou une souveraineté beaucoup plus large ? En tout cas, il n'y avait pas eu un État qui aurait existé, qui aurait sombré, que l'on aurait voulu relever.

Au contact des Israéliens, les Palestiniens ont compris qu'ils représentaient tout de même un groupe humain ayant une nature propre, s'étant d'ailleurs développé d'une manière particulière sous le mandat britannique notamment et peut-être aussi en raison d'une présence juive qui avait permis à la Palestine de progresser assez rapidement, de créer des industries, de fonder des universités et donc un mouvement intellectuel. L'exemple israélien les a donc incités peu à peu à se réclamer de la nation palestinienne.

Lorsque des hommes découvrent en eux une volonté commune d'être ensemble et de vivre sur un même sol, sous une même loi et sous un même pouvoir, je crois qu'il faut la respecter. Car c'est ainsi que naissent les nations et c'est ainsi qu'elles se fortifient. Aujourd'hui, on voit bien à travers les événements, notamment depuis la deuxième Intifada, que la volonté d'exister en tant que nation est extrêmement forte chez les Palestiniens.

Je le dis tout net : contrairement à ce que l'on a vu avec consternation et colère ces dernières semaines, cette volonté doit être respectée par les Israéliens comme elle l'est désormais par les nations du monde. La solution qui me paraît être la meilleure est une solution qui réponde en même temps aux aspirations des deux peuples, celui d'Israël et celui de la Palestine. Je vais y venir.

Les difficultés d'aujourd'hui résultent d'une part – je crois qu'il faut le reconnaître – du fait que du côté des Israéliens, pendant trop longtemps, on n'a pas compris, on n'a pas senti, on n'a pas admis l'existence d'une nation palestinienne. D'autre part, il faut le reconnaître aussi, la situation politique dans cette région a été, pendant des années, complètement bloquée par des refus arabes successifs.

Ce livre ne se propose pas de raconter toute l'histoire des relations du temps du mandat britannique, des recherches des fameuses et nombreuses commissions d'enquête qui avant 1947 se sont efforcées d'élaborer des solutions, en consultant les autorités juives et les autorités arabes : il n'y avait pas alors de volonté de créer d'État palestinien. On l'a bien vu au lendemain des résolutions votées en novembre 1947 par les Nations Unies, instituant deux États, un État juif et un État palestinien, avec une réserve pour Jérusalem qui aurait eu un statut indépendant particulier.

Que s'est-il passé ?

En mai 1948, Ben Gourion a proclamé la création de l'État d'Israël. En face, non seulement l'État de Palestine n'a pas été proclamé, mais il n'a même pas été envisagé. D'une part les Transjordaniens du royaume d'Abdallah sont allés occuper la Cisjordanie et ont créé la Jordanie, s'étendant alors sur les deux rives du fleuve dont elle tire son nom. D'autre part, les Égyptiens sont allés occuper la bande de Gaza qui, vraisemblablement, présentait pour eux un certain intérêt stratégique ou dont ils ne souhaitaient pas qu'elle soit sous une autorité autre que la leur. Après une guerre d'indépendance qu'il n'avait pas voulue, l'État d'Israël a élargi ses frontières. Les accords d'armistice appelaient en 1949 à des pourparlers de paix. Les Arabes les ont refusés.

Les Israéliens, eux, n'ont pas refusé la création de l'État arabe palestinien prévu par la résolution de l'ONU. Ce sont les Jordaniens, les Égyptiens, ainsi que tous les membres de la Ligue arabe qui en ont, d'une manière ou d'une autre, empêché la création. Ce sont eux qui ont raté le train de l'histoire !

Donc, de 1948 à 1967, il n'y a pas d'État palestinien. La guerre éclate en juin 1967 et on sait que si les Israéliens ont été les premiers à tirer, comme l'a regretté jadis le général de Gaulle, c'était tout de même parce que l'Égyptien Nasser avait pris des mesures telles que la guerre ne pouvait pas ne pas éclater ! Donc ce n'est pas le premier coup de feu qui compte, ce sont les initiatives politiques : la fermeture du golfe d'Akaba et du détroit de Tiran, la demande de retrait des forces internationales, l'absence de réaction à ces mesures, en tout cas le manque de réaction de la part de ceux qui les avaient garanties, tels que les États-Unis et la France, ont mis les Israéliens en situation de devoir attaquer.

À ce moment-là, et je pense qu'il faut le rappeler, des émissaires ont été envoyés au roi de Jordanie pour lui dire : « Si vous ne bougez pas, nous ne bougeons pas. » Et le roi de Jordanie, qui a cru que cette fois les Israéliens allaient être battus, a voulu être de la victoire. Il a été de la défaite, et les territoires, bande de Gaza d'une part et Cisjordanie d'autre part, ont été occupés par les Israéliens.

Alors, peut-être faut-il le rappeler aussi, le gouvernement israélien a offert de négocier. Il y a eu un appel du chef du gouvernement israélien à Nasser et, en réponse, finalement, les « trois non » de Khartoum : pas de paix avec Israël, pas de reconnaissance d'Israël, pas de négociations avec Israël.

Les Arabes ont donc refusé de négocier, refusé de s'asseoir à une table pour décider de quoi que ce soit et, dans ces conditions-là, les Israéliens occupant les territoires se sont trouvés en charge de leur administration.

L'initiative de Moshe Dayan

Une nouvelle période s'ouvre alors. Moshe Dayan, ministre de la Défense, prend des mesures extrêmement libérales : la police locale reste une police palestinienne, des élections municipales sont organisées pour dégager des cadres dans la population et je crois pouvoir affirmer, pour l'avoir entendu à de nombreuses reprises, que dans un premier temps les Palestiniens ont considéré cette présence israélienne comme infiniment moins lourde et moins coûteuse, même en vies humaines, que la présence jordanienne qui avait été assez violente.

Au contact de la démocratie israélienne, des Palestiniens se sont donc interrogés pour savoir pourquoi ils n'auraient pas eux-mêmes leur propre pays démocratique. Mais l'OLP (Organisation de libération de la Palestine), créée en 1964, préconisait dans sa charte la destruction de l'État d'Israël et le Fatah (Mouvement de libération palestinienne), animé par Yasser Arafat, avait commis en 1965 son premier attentat en territoire israélien.

Sans revenir sur tous les détails, il est clair que l'arrivée au pouvoir de la droite israélienne et la nouvelle politique du «Grand Israël» (Mouvement pour Eretz Israël), lancée en 1977, ont évidemment constitué, par elles-mêmes, un motif de crainte infinie pour les Palestiniens. Il s'agissait alors non plus d'une présence israélienne, mais d'une occupation destinée à durer, puisque idéalement ce «Grand Israël» aurait en quelque sorte étendu sa souveraineté sur l'ensemble du territoire, ne laissant pas de place particulière aux aspirations des Palestiniens.

Cependant, au cours des discussions de Camp David, «les droits légitimes du peuple palestinien» sont reconnus et, pour la Cisjordanie et Gaza, une phase transitoire d'autonomie de cinq ans est négociée. Le traité de paix est signé, sous la forte pression des Américains, par Sadate et Begin, le 26 mars 1979.

Mais ensuite, Begin «traîne les pieds», ce qui n'est pas du goût de Moshe Dayan qui avait une conception très précise d'une réelle autonomie, parce qu'il ne considérait pas possible d'annexer purement et simplement ces territoires. Il faut rappeler que Dayan était né dans la vallée du Jourdain, qu'il parlait parfaitement arabe, que c'était un homme de la terre et qu'il avait donc une vision très différente de la situation et des rapports avec les Arabes que les dirigeants israéliens nés en Europe ou qui avaient reçu une éducation européenne. Dayan avait également joué un rôle positif pour entamer les négociations secrètes avec les Égyptiens. Elles ont abouti à la visite extraordinaire de Sadate à Jérusalem, le 19 novembre 1977.

La mésentente entre Begin et Dayan sur la politique vis-à-vis des territoires conduit finalement ce dernier à démissionner en octobre 1979.

Je voudrais signaler ici un événement qui est généralement méconnu ou même totalement inconnu, dû à une initiative de Dayan, quelques mois après. Le 24 décembre 1980, il a présenté à la Knesset une proposition concernant l'administration des territoires. Le matin même, il m'avait invité à petit-déjeuner. « Je vais présenter un projet, m'avait-il dit, qui n'a aucune chance d'être adopté. Mais je veux qu'il figure dans les archives de la Knesset. »

Moshe Dayan, qui est mort en octobre 1981, connaissait, sans doute, son état de santé qui ne lui permettrait pas de jouer à nouveau un rôle politique actif. Il voulait donc inscrire dans les annales du parlement de son pays une proposition qui représentait sa manière de voir les choses.

La proposition était la suivante : « Nous allons annoncer à la population palestinienne que nous allons nous retirer de toute l'administration des territoires dans un délai de x mois – six mois par exemple –, c'est-à-dire à une date que nous indiquerons. Nous entendons maintenir dans la vallée du Jourdain une présence militaire, nous entendons disposer d'axes routiers nous permettant d'avoir un libre accès à ces troupes depuis le territoire israélien. Nous interviendrons si des terroristes venant des territoires causent des troubles. Nous ne reconnaîtrons pas le droit des Palestiniens d'avoir une diplomatie, ni d'avoir une armée, mais une police bien entendu, et comme nous considérons qu'ils auront besoin, au moins les premières années, d'une aide extérieure, nous sommes prêts à offrir cette aide, mais s'ils préfèrent la recevoir d'une autre source, nous ne nous y opposerons pas. »

Et il ajoutait : « Je sais que le peuple palestinien qui réside dans les territoires n'a pas la capacité politique de s'asseoir à une table avec nous pour négocier les différents points de cette autonomie [il le savait simplement parce qu'il n'y avait pas dans les territoires de forces politiques organisées et qu'il y avait aussi des pressions extérieures venant de l'OLP ou d'autres mouvements] et donc nous ne pouvons pas négocier ça avec eux. Voilà pourquoi nous leur imposons. En quelque sorte, nous leur imposons de reprendre leur liberté et l'administration de leurs territoires. »

Menahem Begin, averti de ce que la proposition allait être présentée publiquement, a répliqué devant la Knesset : « Mais enfin, comment pouvez-vous faire une proposition de cette nature ? Le problème des territoires a fait l'objet d'un accord entre les Américains, les Égyptiens et les Israéliens et vous, vous arrivez tout d'un coup avec une proposition qui n'a pas été négociée, qui n'a pas été discutée, qui est différente de ce qui a été prévu par nos alliés américains et égyptiens ! Ça n'est pas possible, le gouvernement ne peut pas accepter de sortir comme ça, unilatéralement, d'accords internationaux. Ça serait absolument inadmissible. »

En réalité, et Dayan le savait parfaitement bien, Begin ne voulait pas envisager réellement l'autonomie. Alors que si la proposition de Dayan avait été formulée par le gouvernement israélien, elle n'aurait pas fait, je pense, l'objet d'un refus de la part des Égyptiens ou des Américains. L'affaire a été enterrée, et on a bien vu vers quoi tout cela nous a menés, c'est-à-dire à la première Intifada.

La première Intifada ou l'engagement de la population palestinienne

La première Intifada (commencée le 9 décembre 1987) est importante parce qu'elle a été le point de maturation à l'intérieur de la population palestinienne. Une partie de cette population a considéré qu'on ne pouvait plus rester à ne rien faire, qu'il fallait réagir, qu'il fallait conquérir quelque chose que l'OLP ne pouvait pas obtenir et que seule la population vivant sur le territoire pouvait obtenir.

La première Intifada me semble-t-il — je pense pouvoir l'affirmer assez tranquillement — a conduit moins d'un an plus tard, au mois d'octobre (ou novembre) 1988, à une sorte de reconnaissance, au moins *de facto*, de l'État d'Israël par l'OLP, au cours d'une réunion à Alger.

Cette ouverture a été le résultat d'une pression des Palestiniens des territoires qui ont fait savoir qu'ils entendaient avancer et que si les autorités repliées à Tunis n'avançaient pas de leur côté, ils avanceraient, eux, tout seuls.

Cette certitude est née de conversations qui se sont déroulées au mois d'octobre 1988 dans le cadre du livre avec Hamadi Essid que j'ai évoqué plus haut. À un moment donné de la discussion, Hamadi Essid a dit à peu près clairement ceci : « Si cette fois-ci l'OLP n'accepte pas de s'engager d'une manière positive dans des négociations, eh bien... » et il a laissé supposer que les pays arabes ne l'appuieraient plus.

Donc, je crois qu'il y a eu effectivement à ce moment-là une conjoncture née de la volonté des acteurs de la première Intifada de négocier avec Israël.

J'attache une grande importance à cette circonstance parce qu'aujourd'hui, dans les territoires, subsiste une différence très forte entre les meneurs de la première Intifada et ceux de l'OLP qui étaient à Tunis ou ailleurs et qui sont revenus après les accords d'Oslo à Gaza, à Ramallah, ou dans les autres territoires palestiniens.

Les premiers, ceux de la première Intifada parlent d'ailleurs des autres en les appelant « les Tunisiens », ce qui a tout de même une certaine signification !

Faut-il, en sautant par-dessus quelques années et non des moindres, parler plus longuement des accords d'Oslo ? Chacun se souvient du 13 septembre 1993, de la cérémonie sur la pelouse de la Maison Blanche, de la haute stature de Bill Clinton et de la poignée de mains entre Rabin et Arafat. L'État d'Israël et l'OLP se reconnaissaient mutuellement.

Tout le monde se souvient aussi de l'espérance qui est née à ce moment-là. Et moi je me souviens de l'expression de cette espérance parmi les Palestiniens, énoncée d'une manière très claire par l'un de mes amis arabes, dans un élan d'enthousiasme dont il n'était pas coutumier : « Eh bien voilà, demain nous serons Hong-Kong. Pourquoi ? Parce que vous, les Israéliens, vous avez les techniques, les technologies, vous avez les relations internationales, vous avez des capacités économiques et industrielles importantes et nous, nous avons le marché arabe. Nous allons être ceux qui vont vendre vos produits dans les pays arabes, nous allons être Hong-Kong. »

Vers quoi allons-nous ?

Les choses, hélas, ne se sont pas déroulées par la suite aussi favorablement qu'on aurait pu le souhaiter. D'abord parce que les dirigeants israéliens qui étaient au gouvernement, mais qui disposaient d'une majorité relativement faible au parlement, n'étaient pas en mesure de définir d'emblée le but à atteindre. C'est-à-dire qu'il n'a pas été possible de dire : nous allons entamer des négociations dont le but final est la création au côté d'Israël d'un État palestinien. Et à partir du moment où vous ne pouvez pas définir le but que vous vous fixez, vous définissez simplement le fait que vous essayerez par étapes successives d'aboutir à un accord. Mais quel accord ? Et sur quoi ? Cela crée une situation où, à chaque étape, chacun reste dans l'idée ou d'en recevoir le plus possible, ou d'en donner le moins possible. Alors que dans une négociation où il aurait été possible de dire : « Voilà le but que nous voulons atteindre et c'est un but précis » – par exemple l'État de Palestine ou bien la création dans l'État d'Israël d'une province palestinienne ou encore autre chose, je ne sais pas –, on aurait pu carrer l'opération et fixer les étapes jusqu'au bout.

Cela n'a pas été fait, on n'a pas parlé des implantations autrement qu'en souhaitant qu'elles ne se multiplient pas. En tout cas, il n'a pas été dit « la frontière passera idéalement dans telle et telle région » ou « la frontière sera définie de telle et telle manière », de telle sorte qu'il soit clair ou que les implantations allaient demeurer (et alors sous quel statut), ou bien que les implantations ne demeureraient pas. Et donc, dans ce flou, à chaque étape, tout le monde a triché : les Palestiniens n'ont pas observé les règles qui limitaient leurs possibilités d'armement ; les Israéliens n'ont pas respecté les limitations des implantations. Comme à l'intérieur de chacun des deux camps il y a des groupes différents, avec des opinions et des objectifs différents, les dirigeants ont laissé un peu opérer ces groupes en se disant : « On verra bien à quoi ça va aboutir. »

Du côté palestinien, le Hamas (Résistance islamique), le Djihad (Guerre sainte), se sont développés ; du côté israélien, les implantations se sont multipliées. Et les gouvernements successifs n'ont pas su ou pas voulu, après la mort de Rabin, définir une ligne politique claire et solide.

Je crois que sous le gouvernement de Rabin, les choses avançaient dans un certain ordre avec, vraisemblablement un peu de tricherie de part et d'autre – des accommodements, peut-être ? Mais il y avait une marche en avant, il y avait la conquête de quelque chose qui pouvait s'appeler la confiance réciproque.

Après la mort de Rabin en 1995, et notamment à partir des actions terroristes intenses qui l'ont suivie – sans doute une des causes de la non-élection de Shimon Pérès – l'arrivée de Nétanyahou a évidemment changé les choses. Mais il faut reconnaître qu'on a tout de même avancé, notamment par la signature des accords de Wye Plantation, en octobre 1998.

Arrive Barak en 1999, dont le programme, approuvé par une majorité importante des Israéliens, était de terminer la négociation. Pourtant, même dans son programme, ne figuraient pas les mots « État de Palestine » ou « État palestinien » ! Il n'y avait pas encore le courage politique nécessaire pour faire entendre à la population israélienne que l'on allait vers la création d'un État palestinien. Et je remarque que lorsqu'elle en a enfin entendu parler, elle ne s'est ni soulevée, ni révoltée !

Qu'il y ait, aujourd'hui encore, une minorité plus ou moins importante qui refuse cette idée, c'est certain. Mais on ne peut pas parler d'un refus global ni même majoritaire de la part de la population israélienne. Au contraire, je crois que les sondages – dans la mesure où les sondages ont de ce point de vue-là une importance – laissent entendre que la population israélienne a très envie de la paix, n'a pas envie de se battre pour les implantations et accepte l'idée d'un État de Palestine, à condition évidemment que l'État israélien soit protégé. Et qu'il y ait enfin la paix et la sécurité pour tout le monde.

Alors, que s'est-il passé à Camp David 2 ?

Je n'ai aucune certitude, mais simplement des éléments qui semblent indiquer que les Palestiniens avaient fait savoir auparavant que cette réunion était prématurée, qu'ils n'étaient pas prêts.

Je crois comprendre par ailleurs que Barak, qui connaissait de grandes difficultés devant le parlement, avait envie d'aboutir assez rapidement pour sortir de cette crise. À telle enseigne qu'il s'est lui-même enfermé dans une situation politique impossible en annonçant qu'il démissionnait.

Je voudrais ici ouvrir une parenthèse et prendre en considération les données de la loi qui organise le pouvoir en Israël : une modification de cette loi a introduit l'élection au suffrage universel direct du chef du gouvernement. Le même jour, l'électeur israélien est appelé à élire un chef du gouvernement et à élire un parlement. Bien entendu, les dispositions légales ont prévu qu'il pourrait y avoir des difficultés entre ce chef du gouvernement et ce parlement dont la source de légitimité est identique. Le système voulait qu'en cas de difficulté, le chef du gouvernement comme les membres du parlement remettent leurs mandats en jeu devant les électeurs.

Le système supposait, à mon avis, que pour exercer une réelle autorité, le chef du gouvernement puisse former librement celui-ci, le présenter à la Knesset ; si celle-ci ne l'accepte pas, ou n'accepte pas de voter le budget annuel par exemple, bref, en cas de difficultés insurmontables entre le chef du gouvernement et la Knesset, on retourne devant les électeurs.

Ni Nétanyahou, ni Barak n'ont utilisé réellement la possibilité qu'offrait cette nouvelle loi de former un gouvernement qui soit réellement une équipe forte. Au lendemain de leur élection, ils ont fait comme auparavant : ils sont entrés en négociation avec les partis, s'engageant à ne pas présenter certains projets de lois ou à en favoriser d'autres et arrêtant les ministères attribués à chacun. Ce sont donc les partis qui ont désigné les ministres. De telle sorte que le chef du gouvernement réunissait autour de lui non pas des ministres choisis, nommés par lui et responsables devant lui, mais des personnes déléguées par les partis et responsables devant eux ou devant la Knesset !

C'était comme ça que fonctionnait le système et c'était de cela qu'il fallait sortir. Aucun des deux ne l'a fait. Ni Sharon après eux.

Face à l'éclatement des partis, les Israéliens ne se sont pas suffisamment imprégnés de l'idée que, puisqu'ils voulaient tel chef du gouvernement, il fallait qu'ils lui donnent aussi une majorité au parlement !

Voilà donc la situation pour Barak. Je suppose cependant que Clinton l'a beaucoup appuyé. Il aurait aimé auréoler de gloire la fin de son second mandat par la signature d'une paix entre Palestiniens et Israéliens. Mais il y avait chez Barak une autre idée, qu'il est important de rappeler parce qu'elle a dû constituer une autre raison des difficultés.

Barak tenait compte justement de ce que cette négociation, étape par étape, dont le but final n'avait pas été fixé, pouvait durer indéfiniment. Chaque fois qu'une étape serait franchie, il y aurait l'ouverture de nouvelles étapes. Il pouvait craindre que quoi qu'il fasse, si on ne décidait pas que cet accord était l'accord final, il y aurait d'autres réclamations et d'autres négociations, et donc qu'on n'en sortirait pas. Avec une logique peut-être un peu militaire, mais compréhensible, il a dit : voilà, moi je suis prêt à vous faire un certain nombre de concessions, mais après, point final. Effectivement, il a présenté une série de mesures exceptionnellement larges qui ont étonné les électeurs israéliens, mais ne les ont pas révoltés.

Je pense qu'Arafat, de son côté, n'était pas du tout préparé à accepter ces solutions et il a cassé les négociations. D'une part sur le problème des réfugiés : que les réfugiés puissent revenir exactement dans les endroits d'où ils étaient partis, d'où ils avaient été chassés ou s'étaient enfuis, était impossible à accepter par les Israéliens. Cela revenait à inclure dans l'État d'Israël une population arabe d'une telle importance numérique qu'elle serait devenue majoritaire par rapport à la population juive dans un délai très court. C'était donc la négation même de la raison d'être de l'État d'Israël.

Certains Palestiniens aujourd'hui disent : « Mais pas du tout ! Ce que nous voulions, c'est que soit reconnu le principe d'un retour des réfugiés. Bien entendu, nous étions tout à fait disposés à en discuter les modalités, reconnaissant que le retour d'un nombre trop important de réfugiés palestiniens sur le territoire d'Israël n'avait d'ailleurs peut-être pas grand sens pour la population palestinienne elle-même, parce qu'elle ne se serait pas sentie à l'aise. Les Palestiniens ne se sont pas battus pour vivre dans un autre État que l'État de Palestine, et donc une partie des réfugiés aurait pu être simplement indemnisée. »

Ce qu'ils voulaient, c'était la reconnaissance par Israël qu'il y avait un droit de retour ou un droit à l'indemnisation. Mais ils ont sans doute posé le problème de manière à faire échouer la négociation, puisqu'ils n'étaient pas disposés à accepter les propositions de Barak comme un point final à ces négociations.

D'autre part, Arafat a introduit à ce moment-là un argument nouveau, assez terrible, en disant qu'il n'y avait jamais eu de temple juif à Jérusalem, ce qui est bien évidemment une telle négation de l'histoire, une telle agression contre l'histoire du peuple juif que c'était tout à fait impossible à admettre. La chose étonnante dans cette affaire est que nous n'avons pas entendu l'Église catholique et le pape dire un mot sur cette assertion d'Arafat! Quid alors des Évangiles et d'un nommé Jésus chassant les marchands d'un Temple qui n'aurait pas existé!

Certains commentaires, intelligents à mon avis, expliquent que par un raisonnement peut-être un peu simpliste, certains Arabes ou certains musulmans se disent que s'il est reconnu que le Dôme du Rocher et la mosquée Al Aqsa ont été construits sur l'emplacement de l'ancien Temple, alors cela mettrait ces deux édifices sacrés en danger, voire risquerait un jour de les voir détruits?

Tout de même! Les Israéliens sont présents dans ces lieux depuis 1967 et à aucun moment il n'y a eu de mesure quelconque pour limiter les droits des musulmans, non seulement sur les mosquées elles-mêmes, mais sur l'Esplanade des mosquées, laquelle est totalement administrée par les autorités religieuses musulmanes. Ce fut même l'une des premières décisions du général Dayan en 1967.

En ce qui concerne la deuxième Intifada, de quoi et de qui est-elle née ?

Je ne saurais pas trop le dire. Une certaine frustration ? Une forte propagande ? En partie du fait que Sharon, avec tout un entourage civil plutôt que militaire d'ailleurs, soit monté sur l'Esplanade des mosquées qui est aussi le mont du Temple ? Je ne sais pas. En tout cas, elle éclate fin septembre 2000. Et parallèlement à l'Intifada, les négociations continuent : Tabah, au mois de décembre 2000, qui ne peut aboutir.

Quelle a été dans cette affaire la position d'Arafat ? Arafat n'est pas un homme dont la parole est unique. Je crois qu'on peut dire qu'il sait tenir un langage différent suivant qu'il parle en anglais, c'est-à-dire vers l'extérieur, ou en arabe, c'est-à-dire vers l'intérieur. Quelle est la part qu'il a voulu prendre ou qu'il a fait prendre à ceux qui dépendaient de lui pour ne pas laisser aux extrémistes du Hamas ou du Djihad l'initiative du combat nationaliste, du combat pour la libération ? Je n'en sais rien, mais je serais assez enclin à penser qu'il jouait un double jeu. D'une main pousser à l'action, de l'autre garder les manettes en se disant : « Plus je participe à l'action, mieux je la dirige et donc mieux je peux l'arrêter le moment venu. C'est moi qui jugerai de la situation et non pas ces mouvements extrémistes qui m'imposeraient en quelque sorte leur calendrier. »

Pourquoi Tabah n'a pas réussi ? Les négociateurs israéliens et palestiniens semblent indiquer qu'on est allé très loin et qu'on était même à deux doigts de réussir. Mais le chronomètre que Barak avait mis en route en démissionnant continuait de tourner. On se rapprochait des élections. Tabah n'a pas abouti. On est allé aux urnes et l'électeur israélien, considérant que Barak avait échoué, considérant (parce qu'on le lui disait très fortement) que les Palestiniens ne voulaient pas aboutir, considérant aussi qu'il fallait rétablir la sécurité et considérant enfin que Sharon était l'image même de la sécurité, a massivement voté pour Sharon.

Est-ce que cela annonçait obligatoirement ce qui allait se passer ? Non, je ne le crois pas.

Mais l'évidence est là : un processus est enclenché qui n'a pas de raison de s'arrêter, puisque chaque action entraîne l'action suivante. Personne, évidemment, ne veut se reconnaître comme l'agresseur premier. Les Palestiniens affirment maintenant l'idée que la présence même des Israéliens sur le territoire est une agression.

Donc, tant que cette présence existe, ils sont les agressés et ils sont en droit de réagir contre cette agression. Donc, leur réaction première était justifiée puisque c'était une réaction face à un état de faits anormal et dangereux pour eux. À partir du moment où ils considèrent cela, les représailles sont une nouvelle agression et l'acte de terrorisme est une réponse. On n'en finit plus.

Du côté palestinien, on justifie la poursuite des actions terroristes par la présence et l'occupation israélienne. Du côté israélien, on justifie la poursuite des ripostes par le fait qu'un État ne peut tolérer d'être agressé comme il l'est sur son territoire ou sur un territoire dont il a la responsabilité, c'est-à-dire certaines parties des territoires palestiniens qui ne sont pas sous le contrôle direct de l'Autorité palestinienne. Je rappelle en effet qu'il y a trois zones distinctes : la zone A, qui regroupe une grande majorité de la population palestinienne, est composée des territoires entièrement sous le contrôle de l'Autorité palestinienne ; la zone B est sous contrôle de sécurité de la police et de l'armée israéliennes, mais sous le contrôle administratif de l'Autorité palestinienne ; la zone C est sous le double contrôle militaire et administratif des Israéliens. Mais l'armée israélienne quadrille l'ensemble du territoire entre les différentes zones.

Bilan honnête, ai-je dit pour commencer ce chapitre ? Oui, j'ai tenté de rappeler les étapes qui ont marqué l'histoire commune, par quelques faits (pas tous, loin de là !), quelques souvenirs et quelques interprétations personnelles de cette histoire, de ces faits et de ces comportements.

Je crois à la nécessité de clarifier aujourd'hui les causes des affrontements, de tous les affrontements

Ce qui est frappant est à la fois la récurrence des situations et la récurrence des reproches jetés à la figure de chaque partie.

La situation évolue entre contacts et ruptures ; les gouvernements israéliens se succèdent et changent les orientations. L'Autorité palestinienne affirme puis dément et réprouve ce qu'elle a ordonné ou laissé faire.

Quant aux reproches, ils alternent entre mensonge, tromperie, refus d'exécuter les accords ou tentative d'en dépasser le cadre.

Mépris, méfiance, violence, haine masquent souvent un esprit de manœuvre ou des dissensions internes.

Nous avons, nous, Israéliens, commis des erreurs et des fautes.

Vous avez, vous, Palestiniens, commis des erreurs et des fautes.

Mais puisque je suis aussi israélien, je peux en dire davantage du côté israélien.

– Notre grand tort est de n'avoir pas su mettre en place, outre une politique claire avec des objectifs précis et annoncés, des structures capables de porter et favoriser une telle politique. Certes, l'État n'a que cinquante-quatre ans. L'âge de la maturité chez les hommes, mais plutôt celui de l'adolescence en ce qui le concerne, si l'on en juge par l'immaturité du fonctionnement de ses institutions. On est en face d'une démocratie qui s'est voulue modèle. À certains égards, elle est une démocratie modèle, mais avec des faiblesses énormes qui proviennent justement du fait que même une démocratie, à un moment donné, doit pouvoir maîtriser les problèmes auxquels elle est confrontée. Pour cela il lui faut un organisme gouvernemental qui ait la force nécessaire pour, non pas imposer, mais proposer, avec suffisamment d'arguments et suffisamment de sérieux, les mesures nécessaires. Et un parlement capable de soutenir le gouvernement, parce que si ce n'est pas le cas, la vie démocratique devient impossible.

Certes, aux temps initiaux, des personnalités comme celle de Ben Gourion ou, plus tard, celle de Begin, ont su donner l'élan et l'autorité nécessaires pour pouvoir surmonter d'immenses obstacles. Tous les deux, comme Dayan d'ailleurs, avaient une *vision* pour le pays et un vrai charisme.

Le temps des généraux est arrivé. Comme si la société civile israélienne, avec son immense diversité, ses forces intellectuelles et économiques, son savoir-faire délié, ses capacités d'énergie formidables, n'avait pas été à même de susciter en son sein une élite politique d'excellence, honnête, courageuse, lucide et ouverte à autrui. Le projet de création d'une ENA israélienne pour former ceux qui géreraient les intérêts publics a fait long feu, je m'en souviens. Finalement, en dehors du ministère des Finances et de la Banque d'Israël aux pouvoirs cependant limités, l'armée est la seule structure organisée, centralisée, hiérarchisée. De ce fait, elle est l'instrument majeur de la politique du gouvernement au lieu d'être au service d'une politique élaborée par les forces politiques. Non pas que je considère les généraux incapables ! Loin de là ! Rabin, Barak, Sharon et de nombreux ministres israéliens non plus ! Nous en avons d'ailleurs eu un, en France – de Gaulle –, dont la stature est gravée dans toutes les mémoires, lui qui ne fut pas tendre pour « ce peuple sûr de lui-même et dominateur » (ce qui pour lui était peut-être flatteur)…

C'est autour de l'armée que se développe le

creuset des responsables politiques en Israël. Or, la manière militaire d'appréhender les problèmes, surtout lorsqu'ils sont diplomatiquement subtils, sociologiquement et psychologiquement complexes, est-elle bien la meilleure? Faiblesse des gouvernements, force de l'armée: attention, même si elle est soumise à l'autorité gouvernementale, l'armée ne doit pas peser au-delà du raisonnable sur l'analyse des situations et donc des décisions...

On le voit depuis des semaines: la sécurité est un objectif nécessaire, évidemment. Mais l'obsession de la sécurité au point d'en perdre tout entendement à l'égard des citoyens, quels qu'ils soient et où qu'ils soient, est-elle bien justifiée? Et justifie-t-elle, précisément, les débordements inouïs, entêtés et stupides, auxquels on assiste depuis trop longtemps?

– On a créé ou laissé se créer une situation explosive et nous sommes aujourd'hui en partie prisonniers de cette situation. Les populations sont, sur le terrain, entremêlées alors qu'elles ne veulent pas ou ne peuvent plus vivre ensemble. Bien plus, les structures sociales, les équipements, les habitations sont plus modernes ici et plus vétustes là. Les manières de vivre, les traditions culturelles sont en confrontation. L'insatisfaction des Palestiniens, leurs frustrations, les mesures permanentes et frustrantes de sécurité dont ils font l'objet et une certaine incurie des autorités palestiniennes sont autant de sources de révolte. Pourquoi n'a-t-on pas voulu le voir et l'admettre ?

— Israël est un pays fort, Israël a une armée forte et la société israélienne a développé en un temps record un État avec tout ce que cela peut comporter de réalisations que bien des pays peuvent envier, notamment tous les pays environnants. Et malgré tout ça, Israël continue de se conduire comme un État assiégé qui a peur pour son existence. « Guerre de survie » (!!!) a déclaré Sharon aux Américains qui lui demandaient de se retirer des territoires palestiniens investis par Tsahal. Je ne comprends pas. Il y a là un phénomène que l'on ne peut rattacher, encore une fois, qu'à cette idée de ghetto, qu'à cette mentalité de victime qui pèse sur nous et qui nous empêche, parfois, de nous conduire d'une manière intelligente. Mais quand donc changerons-nous de lunettes politiques pour découvrir autrement, pour imaginer autrement le présent et l'avenir ?

— Quelles leçons avons-nous tirées de la première Intifada ? Aucune, je crois. Il y avait des foules, des mouvements de masse, des jets de pierres. Rien à voir avec un champ de bataille

« traditionnel ». L'armée (et non pas la police) fut chargée d'arrêter ces mouvements. L'armée israélienne, vainqueur des armées de cinq États arabes coalisés, n'y était pas préparée. Maintenir l'ordre n'est pas faire la guerre. Face aux pierres lancées par une foule mobile et réactive, les boucliers, casques et matraques paraissent sans doute plus adaptés pour avancer et contenir les débordements que les chars ou les fusils d'assaut. L'armée israélienne n'a pas su comment faire face aux mouvements de foule et c'est encore et toujours le cas. Je ne comprends pas comment il se fait qu'elle n'ait pas anticipé que l'Intifada pourrait renaître et qu'elle ne s'y soit pas préparée et formée.

Sans doute une partie de l'explication se trouve-t-elle dans cette politique de sécurité unilatérale qui est la seule à rencontrer un consensus général en Israël. À partir du moment où vous mettez des barrages, où vous commencez à filtrer les gens, où vous vous méfiez d'eux au point d'aller à chaque instant les examiner parce qu'ils peuvent éventuellement avoir caché des armes, où le danger existe et où il faut le combattre par tous les moyens parce qu'il faut assurer la sécurité totale, c'est évidemment insupportable pour ceux qui sont constamment soupçonnés, contrôlés, retardés, empêchés, etc.

Ça l'est pour les Israéliens eux-mêmes, mais que dire alors des Palestiniens qui y sont soumis sans ménagement et sans cesse ? La solidarité du soupçon crée la solidarité de la révolte ; le terroriste, dont la crainte justifie les mesures de sécurité, devient dans le même temps celui qui met en échec leur efficacité.

— Le gouvernement d'Israël a déclaré : « Il faut éradiquer le terrorisme. » On entre dans les villes palestiniennes, on arrête, on tire, on rase les maisons, on fait peur, on humilie et j'en passe. Résultat ? Le terrorisme est-il éradiqué ? Tous les jours des Palestiniens ou des Palestiniennes se font sauter pour tuer des Israéliens et des Israéliennes. Que faire alors ? Je ne suis ni un militaire ni un policier. Mais je connais les Arabes, je sais comment ils réagissent. Et je crois, ce qui vaut d'ailleurs pour tout terrorisme nationaliste, qu'on ne peut pas l'éradiquer *si on n'offre pas à la population au sein de laquelle ce terrorisme se manifeste des portes de sortie.*

Se dire que nous allons leur faire plier les genoux au point qu'ils en auront perdu toute respiration, toute possibilité de réagir et que la violence s'arrêtera parce que nous l'aurons étouffée est une grossière (et déplorable) erreur. Car il me semble impossible d'étouffer ce type de violence : il s'agit du combat d'un peuple. On peut humilier la population, on peut arrêter tous ses dirigeants, on peut essayer d'arrêter tous ceux qui aujourd'hui ont des responsabilités, mais ça n'empêchera pas que demain il y aura quelqu'un d'autre pour prendre le relais. On ne l'arrêtera pas dans l'immédiat, et on ne l'arrêtera pas dans le long terme, parce que si on maintient une situation de ce genre, il y aura à nouveau des terroristes. Il faut tout de même être conscient qu'à un moment donné il faut arrêter !

Nous allons porter la responsabilité de tous les morts et de tous les dégâts causés. Quand on aura détruit encore des maisons palestiniennes, qu'on aura encore anéanti des bâtiments plus ou moins officiels ou pouvant servir à tel ou tel service palestinien, on aura encore aggravé la réaction négative et augmenté le nombre de candidats au suicide meurtrier.

Parce qu'à partir du moment où on enlève à un peuple toute espèce d'espérance, il est évident qu'il cherche à s'exprimer par le désespoir. Je pense qu'il y a là une logique que nous devons nous-mêmes admettre. Dans notre histoire aussi, des Juifs se sont sacrifiés, ont combattu jusqu'aux dernières possibilités, puis se sont donné la mort…

Une population qui est violemment soumise à un pouvoir extérieur – je considère que c'est le cas dans les territoires palestiniens – qui a l'impression d'être humiliée, d'être dominée, suscite le terrorisme et le nourrit. Elle finit par aboutir à l'idée que son seul moyen de convaincre et de se faire entendre, c'est le terrorisme, car elle est face à des forces tellement plus importantes qu'elle ne veut et ne peut que passer là où elle peut passer, provoquer les dégâts qu'elle peut provoquer pour essayer d'émouvoir aussi les autres. Le pouvoir d'émotion du terrorisme se manifeste en Israël d'une manière évidente. Ceux qui manient le terrorisme ont l'impression qu'ils font une œuvre utile, barbare mais *à leurs yeux* utile.

Voilà donc pourquoi, me semble-t-il, la voie choisie pour lutter contre le terrorisme, à cette minute encore où j'écris, ne me paraît pas la bonne.

Un bilan de ces jours de guerre menés par Sharon ? Certainement des leaders palestiniens terroristes arrêtés ou tués. Mais après ? D'autres enfants se lèveront, plus haineux encore après les tueries qui n'auront pu épargner ni civils, ni innocents, pour reprendre le flambeau d'une vengeance considérée comme plus sacrée encore.

Des deux côtés, les mères pleureront, tentant par leurs mains et leurs bras de maintenir la flamme d'une vie désormais dévastée et vide de sens. Les pères abrutis de souffrance et d'injustice, balanceront entre de nouvelles violences et le saccage de leurs propres vies. Qu'aura-t-on donc gagné à démontrer que l'on est le plus fort à celui avec lequel, quoi qu'il arrive, il nous faudra vivre demain, et après-demain ?

Je voudrais tenter de résumer tout ce qui précède et proposer une base de départ en commun, une plate-forme comme on dit aujourd'hui, préalable nécessaire à des dialogues qui *devront* aboutir. Voici donc les éléments que je crois sincèrement de nature à éclairer les raisons des affrontements meurtriers que nous avons connus, depuis trop longtemps.

J'ai écrit ces lignes à la mi-avril 2002, alors que les combats n'ont pas encore cessé dans les territoires. Certains éléments seront peut-être moins pertinents dans quelques jours, quelques semaines, quelques mois, et d'autres devront certainement y être ajoutés.

Des raisons, côté israélien

— Une population juive aux origines diverses, longtemps enfermée derrière les frontières closes des pays arabes et vivant les « autres » comme des ennemis potentiels. De surcroît, traumatisée par la Shoah ou son souvenir, se vivant comme victime en quelque sorte prédestinée. Parmi les plus jeunes, résonne l'appel du « plus jamais ça », d'où le désir et la capacité de se battre sans jamais accepter d'être battu.

— Une population disparate formée notamment de Juifs ayant dû fuir les pays arabes ou le communisme russe. Des Juifs de toutes les couleurs, formés dans diverses cultures.

— Un système électoral absurde à force de se vouloir ouvert et juste ; d'où un éparpillement de partis politiques sans vocation autre que celle de défendre des droits ou des situations particulières ou, encore, des origines différentes (Marocains, Russes...) dans des partis « ethniques ». Un chef de gouvernement élu par le peuple, mais limité dans son action par défaut de contrôle réel sur ses ministres désignés par les partis de la coalition gouvernementale.

— Une armée – seule institution centralisée – hiérarchisée, capable d'agir rapidement et efficacement, devenue la colonne vertébrale de l'État. Elle est de surcroît le centre de recrutement des futurs ministres ou, dans tous les cas, de ceux qui ont acquis une expérience du terrain, du commandement et des coordinations nécessaires. Jusqu'à aujourd'hui, heureusement, l'armée est demeurée sous l'autorité des responsables politiques.

– Une absence de projet politique fort, due à l'éparpillement des partis politiques déjà signalé. Il n'est même pas sûr que puisse se dégager une coalition acceptant de reconnaître la légitimité d'un État de Palestine.

– Un consensus unique, qui porte sur la sécurité (*Bitah'on*), une sécurité qui érige partout des points de contrôle et qui, à force d'être toujours renforcée, étouffe, rejette, interdit tout ce qui n'est pas elle-même. C'est l'excès même de cette politique qui conduit à mettre en doute sérieusement son efficacité.

– Dès lors que cette obsession de la sécurité serait reconnue inefficace, et que serait reconnue l'impossibilité de contrôler ou maîtriser un peuple par la force, il est possible d'espérer que se lèveraient des hommes nouveaux capables de construire une politique de paix.

Des raisons, côté palestinien

– Un peuple qui a pris peu à peu conscience de son aspiration à la souveraineté, au sein d'un vaste ensemble de pays arabes qui ne l'ont pas initialement soutenu.

– Une jeunesse numériquement importante qui se sent captive et humiliée par une situation économique et politique frustrante. Elle n'a pas connu d'autre situation que celle de « réfugié » ou d'« occupé ». Elle a, elle aussi, le désir et la capacité de se battre sans accepter d'être battue.

– Une exaspération générale à la mesure de l'attente non encore satisfaite de la reconnaissance d'un État palestinien et d'une situation générale extrêmement pénible aussi en raison de l'incurie de l'Autorité palestinienne.

– Conjointement, une aspiration de la plus grande partie de la population (surtout celle qui a vécu la première Intifada) à la paix, à une forme de gouvernement démocratique et à une coopération avec Israël, sous la seule réserve du respect de sa dignité et de ses intérêts.

– Arafat et son entourage « tunisien » ont pris le pouvoir, mais ne l'exercent que sous la domination du chef historique qui conserve le contrôle absolu des ressources budgétaires et des subventions internationales. Dans son uniforme, Arafat représente plus le symbole de la lutte que celui d'un État en formation et d'un avenir démocratique. Sa responsabilité dans l'instauration de la violence directe avec l'Intifada montre sa difficulté à quitter son rôle de chef de guerre.

– Bien que désireux de vivre en démocratie, bien que comprenant une part importante de personnes hautement qualifiées, le peuple palestinien n'a pas encore une opinion publique capable de construire des partis politiques et de dégager des lignes claires, des choix favorables à la construction de la paix. Cette faiblesse devrait obliger les Israéliens à plus d'efforts, de coopération et de patience.

Je ne prétends en aucun cas avoir raison en listant tous ces points. Mais je les crois fondés et déterminants.

Je crois en deux États souverains sur une terre commune

Nous avons connu l'oppression, la négation de notre existence, la violence physique et morale.

Nous avons dû attendre des siècles pour que nous puissions bénéficier des mêmes droits que ceux des peuples parmi lesquels nous vivions.

Nous avons dû attendre des siècles aussi pour que notre dignité de citoyens juifs vivant dans un État juif puisse être enfin reconnue.

Alors, puisque nous savons si bien tout cela qui n'est pas seulement raconté dans les livres d'histoire, mais imprimé au cœur de chacun de nous, comment pourrions-nous refuser à autrui ces mêmes droits et ce même respect de la dignité ? Comment pourrions-nous refuser plus longtemps aux Palestiniens ce à quoi ils aspirent et ce à quoi nous avons nous-mêmes aspiré ?

Parce que nous ne trouvons pas leurs revendications légitimes ? Mais qui sommes-nous donc pour considérer que nous avons toujours et tout le temps raison ?

Parce que nous sommes dans l'incapacité de renoncer à imposer à autrui ce qu'on nous a imposé à nous ? Mais qui sommes-nous donc pour ne pas être capables d'analyser et de dépasser les réflexes les plus primaires ?

Parce que nous avons peur ? Mais oui, cela se comprend. Mais qui sommes-nous donc, nous, enfants de Massada, pour ne pas avoir appris à sortir de l'abri condamné d'un étau mortifère ?

Parce que nous ne voulons pas qu'Israël soit détruit ? Par quatre fois depuis sa création, nous avons su l'éviter, en des temps où nous étions sans doute militairement plus fragiles. Des centaines de milliers de soldats coalisés voulaient nous faire disparaître. Nous n'avons pas disparu.

Parce que le partage de l'espace n'est pas extensible ? Certes. Mais nous savons particulièrement bien tirer profit des terres arides et désolées. Il en reste, et l'énergie est notre principale qualité.

Parce que nous craignons de perdre la face ? En reconnaissant, en ne niant plus la réalité humaine et politique qui nous entoure, nous gagnons l'estime de nos alliés, peut-être celle de nos voisins, et la nôtre en sort renforcée.

Seul l'imbécile ne change pas d'avis, dit-on. Je ne peux donc pas croire que nous ne puissions changer d'avis.

Parce que d'aucuns ne jurent encore que par le « Grand Israël » ? Ses partisans les plus farouches n'écoutent rien d'autre en effet que leur immuable et intransigeante obstination. S'ils s'appuient sur des textes anciens pour justifier leur enfermement coupable, je leur suggère de relire celui-ci : « Mais voici le jeûne que j'aime : c'est rompre les chaînes de l'injustice, dénouer tous les liens de tous les jougs, renvoyer libres ceux qu'on opprime, briser enfin toute servitude » (Isaïe, chap. LVIII).

Reconnaître l'État palestinien

Ma position est simple : nous n'avons que trop tardé à reconnaître l'État palestinien. C'est leur revendication, elle est juste. C'est aussi notre intérêt car ce n'est qu'ainsi que cessera le terrorisme. Ah, bien sûr, pas tout de suite, car des désespoirs, de part et d'autre, auront besoin de s'exprimer encore, flammèches finales d'un brasier dont on verra enfin s'annoncer l'extinction. Les derniers morts de ces derniers jours terribles...

Mais après, enfin, la paix s'installera parce que les peuples qui vivent en proximité immédiate ne peuvent sans cesse s'entre-tuer. Surtout s'ils sont enfin égaux dans leur souveraineté.

Leurs responsables, alors, deviennent vraiment… responsables. La raison, alors, l'emporte, ou le sens politique qui cherche toujours à démontrer le bien-fondé de ses calculs.

C'est ce que j'ai essayé de dire à Ariel Sharon. Il m'a fait savoir qu'il souhaitait me voir le dimanche qui a précédé son élection, à un moment où tout le monde était persuadé, et lui-même a priori très fortement, qu'il serait le prochain chef du gouvernement israélien. Il m'a tenu un discours bref, mais très précis, pratiquement en deux termes bien posés.

Il ne ferait pas de gouvernement sans le parti travailliste. Ce qui signifiait qu'il ne ferait pas un gouvernement avec les seuls partis de la droite, lesquels voulaient très clairement, à ce moment-là, la suppression de l'Autorité palestinienne et en quelque sorte la reprise du contrôle de tout le territoire par l'armée israélienne. En disant : « Je ne ferai pas de gouvernement sans le parti travailliste », il voulait dire : je n'exclus pas la reprise des négociations.

Un second élément venait renforcer en outre la première indication, puisqu'il m'a dit : « Je reconnais qu'il n'y a pas de solution militaire à ce conflit et qu'il n'y a qu'une solution politique. » Autrement dit, il faudra bien négocier et trouver une solution politique.

À ce moment-là, avec une audace dont je me félicite, je lui ai dit en hébreu (il n'y a ni vouvoiement, ni tutoiement en hébreu ; du coup, la conversation est plus directe, plus familière, plus proche) que si sa réputation de militaire était connue dans le monde entier, il avait peut-être des efforts à faire pour améliorer sa réputation au niveau politique. Je lui suggérai donc non pas seulement pour ça, mais aussi pour d'autres raisons, de faire très rapidement, après son élection, une déclaration pour appeler Arafat à proclamer l'État de Palestine.

Ce que je lui ai dit était à peu près ceci : « Dites à Arafat : il y a des mois que vous menacez de proclamer l'État de Palestine, je sais que mes prédécesseurs se sont insurgés contre cette mesure et ont proféré des menaces contre une telle initiative. Eh bien moi, moi je vous dis, allez-y, proclamez-le et je veux que l'État d'Israël soit le premier État à reconnaître la légitimité de l'État de Palestine. Pourquoi ? Parce que je suis chef du gouvernement d'un État qui a un statut international et donc une responsabilité internationale et je préfère négocier avec quelqu'un qui ait le même statut et la même responsabilité. Donc, allez-y. »

Il n'a pas vraiment sauté sur sa chaise, mais il a dit : « Oui un État palestinien, eh bien oui, peut-être. » Il avait récemment accordé une interview au *Figaro* et quand je suis sorti, il a demandé à ses assistants de me la donner. Il y parlait de l'État de Palestine en disant : « Oui, pourquoi pas, mais à telle et telle condition. » Bien entendu, ça n'était pas ma proposition, c'était quelque chose qui était soumis à toutes sortes de conditions restrictives.

Je n'ai donc pas réussi à le convaincre. J'ai repris d'ailleurs cette initiative après le premier attentat très grave qui s'était produit à la discothèque Delphinarium, à Tel-Aviv. Au lendemain de cet attentat, Sharon a décidé de ne pas réagir, ce qui a été un vrai choc pour la population israélienne qui attendait la riposte de l'aviation israélienne. Sharon avait donc décidé une politique de « retenue » (*hagbala*), et il a lancé l'idée d'un cessez-le-feu.

Je lui ai écrit à ce moment-là pour lui dire que je me réjouissais beaucoup de cette décision, mais que je me permettais d'attirer son attention sur le fait qu'un cessez-le-feu était parfaitement valable pour les Israéliens parce que c'était le retour à la situation normale antérieure, au début de l'Intifada, mais que je pensais qu'il était impossible de demander aux Palestiniens ce retour pur et simple à la case départ et qu'il fallait leur donner quelque chose. C'est pourquoi je lui ai rappelé ma proposition précédente, à savoir : « Faites ce geste de reconnaissance et de respect à l'égard de la population palestinienne par la reconnaissance de l'État palestinien. »

Lutter contre un terrorisme sauvage

En réalité, le fond de ma pensée était le suivant : le terrorisme n'est pas forcément une action admise par la population, même par une population en état de détresse ou de révolte. Le terrorisme, tel qu'il est pratiqué, est quelque chose d'insupportable sur le plan moral et humain. Mais pour qu'une population le chasse de son territoire, il faut qu'elle ait une volonté de le faire. Et je pensais donc qu'en faisant ce geste, on pouvait montrer aux Palestiniens qu'il y avait d'autres issues que les issues mortelles, irréparables et sans avenir du terrorisme.

Il me semble évident, et je le rappelle, que le terrorisme, où qu'il sévisse, ne peut être réellement combattu que de l'intérieur, par la population au sein de laquelle il a pris naissance et qui l'abrite. C'est cette population qui peut le faire cesser si elle ne le soutient plus et ne lui permet plus alors de survivre. En un mot, pour moi, le terrorisme ne sera éradiqué qu'avec le concours, indispensable, de la population palestinienne.

À l'extérieur, on peut se battre contre les terroristes, mais tant qu'il y aura des fous prêts à se donner la mort, on ne peut tout de même pas surveiller tous les individus à tous les instants de la journée ! On voit bien que les efforts importants qu'ont faits les forces israéliennes de sécurité, la police, l'armée, la population elle-même ne peuvent pas empêcher réellement le terrorisme. On peut en arrêter un certain nombre, mais après ?

Comme me l'a dit mon ami arabe que j'ai cité auparavant, celui qui de temps en temps m'éclaire sur la manière de penser des Palestiniens : « Oh, les morts, oui enfin, jusqu'à 2 000 morts, Arafat, ça ne va pas l'arrêter ! »

Il m'a dit aussi : « Prends en compte le fait que nous pourrions décider de tuer tous les jours dix Israéliens. La situation des populations est telle que nous pourrions le faire. Ça nous coûterait peut-être un prix énorme, mais nous pourrions le faire. » Et en me disant cela, il voulait me dire : « La situation telle qu'elle se présente sur le terrain est une situation à laquelle il faut mettre fin, si on veut mettre fin à la violence. »

Je crois qu'il énonçait ainsi, dans une grande simplicité, sous une forme pas très attrayante, mais fondée, la situation réelle.

Stopper l'engrenage de la violence

Même si aujourd'hui, les initiatives de Sharon pour assurer ce qu'il appelle « la survie de l'État d'Israël » n'ont pas vraiment prouvé leur efficacité, ce qui suit peut paraître un peu décalé. Je crains que la situation n'aille de mal en pis en raison de l'accumulation terrible de haines et de désir de vengeance de chaque camp. Il faudra pourtant en sortir. Un peuple qui veut vivre ne disparaît jamais.

Alors, une fois encore : « sors et apprends », comme dit le Talmud.

Chaque fois qu'il y a eu un attentat terroriste – dans un temps où il y en avait tout de même un peu moins – les Israéliens préparaient une riposte, l'aviation israélienne allait bombarder un lieu, quelque part : une réaction du pouvoir politique simple et systématique, c'est-à-dire sans imagination. Quant à l'armée, qui dépend tout de même de ce pouvoir puisqu'elle n'agit que sur son ordre, elle était en situation de vexation permanente. Cette armée, tellement plus forte que toutes les forces arabes réunies, était humiliée par le fait qu'elle ne parvenait pas à empêcher la multiplication de ces actes individuels auxquels elle ne peut être préparée.

Ma conviction, jusque-là, était simple : celui qui saura ne pas riposter, mais montrer du doigt d'où vient la violence finira par obliger l'autre partie à y renoncer. Plus vite on arrête, plus on a le courage politique d'arrêter et plus fort on sera dans la négociation.

J'attends celui qui osera enfin dire : « Eh bien nous, ce jeu macabre de la violence, nous décidons de l'arrêter. Unilatéralement. Il faut que le sens commun prenne enfin le relais des armes et des assassinats. Négocions : voici mes premières propositions. Cessez à votre tour la violence ; essayons de trouver les bases d'un accord dans le respect de vos intérêts légitimes. Sinon nous en appellerons à l'opinion publique internationale et nous demanderons que soit reconnue et sanctionnée votre incapacité à établir et gérer un État stable, indépendant et responsable de l'ordre public. Choisissez : voisin ou ennemi ? »

Mais pour pouvoir dire cela, il faut que le gouvernement israélien soit capable de définir une politique, de définir une frontière. Or, ce gouvernement est composé de telle sorte qu'une décision de ce type, celle qui permet-

trait peut-être d'aboutir, ne peut pas être prise.
Il est composé d'une gauche qui veut négocier
et d'une droite qui veut détruire. Le gouvernement actuel est formé de telle façon qu'il ne
peut arrêter qu'une seule politique, celle du
maintien de la sécurité maximum. Elle tient en
deux mots : on se bat, on réagit. Un peu simpliste, non ?

Établir et faire accepter des propositions de
nature politique permettant d'aboutir à quelque
chose de vraiment nouveau est impossible pour
le gouvernement actuel, tel qu'il est composé. Il
faut donc qu'il y ait un homme qui, à un
moment donné, fasse un choix dont il parie que
la population va globalement et fortement le
soutenir. À ce moment-là, ce soutien pourrait
écarter le danger d'une réaction trop forte de l'un
ou l'autre parti représenté au gouvernement.

En février 2001, je pensais que Sharon serait
l'homme d'une telle situation. Je le pensais tout
simplement aussi parce qu'en 1973, lorsqu'il a
lancé son offensive en traversant le canal de
Suez, il n'avait (je le crois, je ne peux l'affirmer)
aucune autorisation d'un chef quelconque lui
permettant de faire cette manœuvre. Il l'a faite
parce qu'il a jugé, à un moment donné, qu'elle
était possible, que l'occasion lui était donnée
d'opérer ce mouvement tactique qui a complè-

tement renversé la situation : elle lui a permis de contourner la troisième armée égyptienne, mettant alors les Égyptiens dans une situation d'infériorité insurmontable.

L'homme qui avait été capable de faire cela, dans le cadre d'une discipline militaire très stricte, en prenant sur lui cet acte d'indiscipline qui a conduit au succès, pourrait, pensai-je, être un vrai chef du gouvernement, capable, à un âge où l'avenir est tout de même limité, de s'inscrire d'une manière positive dans l'histoire de son pays. Il y aspirait d'ailleurs depuis longtemps.

Je pensais qu'il serait capable de faire ce geste qui aurait permis, et qui permettra un jour — en tout cas je le pense — de parvenir à mettre fin au conflit.

Pour une ligne de démarcation des deux souverainetés

Alors, quelle solution ?

Résumons les données incontournables :

— Deux peuples sont liés à la même terre.

— Chacun souhaite vivre dans un État indépendant, avec ses lois et ses usages, exerçant une souveraineté qui tienne compte de son histoire.

— L'espace géographique est limité.

— Nombre de problèmes économiques et techniques ne pourraient, sans investissements colossaux, être résolus de manière séparée.

Alors ? Alors, je suis partisan d'un accord allant très vite, très loin, définissant d'emblée le but à atteindre et en ne négociant ensuite que les modalités pour y parvenir. Dire très clairement, d'entrée de jeu : « Voilà à quoi on veut aboutir. » Parce que sinon, d'expérience, nous savons que l'on se perdra à nouveau dans toutes sortes de considérations qui dilueront ou menaceront le dialogue.

Voilà à quoi on devrait, selon moi, tenter d'aboutir :

— deux États indépendants ;

— séparés par une ligne de démarcation des deux souverainetés, tracée de façon à permettre à la majorité de chacun des deux peuples de vivre d'un côté de cette ligne de démarcation ;

— avec une instance commune chargée d'anticiper et de gérer les problèmes à résoudre en commun.

L'indépendance de chaque État ne doit pas poser de problème insurmontable dès lors que le principe en est (enfin) acquis.

Plutôt que de parler tout de suite de frontière, je préfère l'idée d'une ligne de démarcation. Il est clair que la frontière idéale prend acte de l'espace où vivent réellement les populations : les Français et les Allemands de chaque côté du Rhin ; les Français et les Italiens de chaque côté des Alpes, etc.

Ici, on ne peut pas prolonger la situation actuelle avec des morceaux d'État éparpillés et séparés les uns des autres. Ce n'est pas vivable et je pense que tout le monde peut l'admettre. La ligne de démarcation devra donc tenir compte de la situation réelle, en fonction des endroits où la majorité de la population vit actuellement. Il est évident qu'en Cisjordanie très majoritairement arabe, la population israélienne qui accepterait d'y demeurer serait très minoritaire. Mais pourquoi pas des Palestiniens juifs, comme il y a des Israéliens arabes ? Ça devrait être le choix de la population, et non pas le choix de l'État.

De son côté, Israël n'a qu'une seule frontière ouverte sur un autre monde que le monde arabe : c'est la frontière méditerranéenne, ce qui devrait aussi l'amener à développer plus encore ses relations avec les pays du pourtour méditerranéen. Je regrette une certaine faiblesse européenne dans les contacts politiques avec Israël, comparée notamment à la force de ceux établis avec les États-Unis... Pensons au *mare nostrum*, cette mère commune.

Fédération ou confédération

Il devrait y avoir aussi, « au-dessus » des deux entités nationales, une sorte d'organisme commun, une autorité commune, pour aborder et régler les problèmes qui se poseront aux deux États et qui ne peuvent être solutionnés que d'un commun accord : l'eau, les réseaux de distribution d'énergie et de communication, les routes, etc.

Une autorité fédérale ou confédérale ? Ce sera à discuter. Mais je souhaite qu'il y ait la possibilité d'un développement de type suisse (cantons), allemand (Länder) ou américain (États fédéraux) ou autre encore, à imaginer, mais sans doute avec une plus large autonomie des deux États.

Bien sûr, pour l'Allemagne et les États-Unis, une même langue et une même histoire auront facilité les intégrations, ce qui n'est pas le cas en terre de Palestine. Mais cela ne devrait pas constituer d'obstacles insurmontables et on pourrait aussi tirer quelques utiles leçons d'expériences réussies ou moins réussies de par le monde (Belgique, ex-Yougoslavie, ex-Tchécoslovaquie, par exemple...)

Quant aux religions, à partir du moment où un État se veut et est démocratique, le problème de la place de la religion dans l'État devient relativement secondaire. Car la démocratie se voit dans l'obligation non pas d'interdire les religions, non pas de limiter l'exercice des droits religieux, non pas de limiter l'exercice des pratiques religieuses, mais d'exiger l'ouverture de la nationalité au-delà de la religion et au-delà aussi de la religion dominante. Elle exige aussi, à un moment donné, la séparation de l'Église et de l'État, comme en France, par exemple. Dans la mesure où Israël et la Palestine se développeraient chacun comme un État laïc, je pense que ce projet d'une fédération ou d'une confédération prendrait, là aussi, un sens tout à fait acceptable.

Jérusalem, la capitale

Jérusalem sera vraisemblablement la capitale de chacun des deux États. En proclamant qu'elle est, pour nous Juifs, « éternelle », nous marquons seulement notre angoisse qu'elle ne le soit plus! Mais elle l'est! Rien ne sert de le préciser, comme un rempart, un bouclier, une armure ! Encore une protection, encore un mur...

Jérusalem est la ville symbole du judaïsme, elle est gravée dans notre cœur à tous, où que nous soyons, puisque nous disons chaque soir de Pâques : « L'an prochain à Jérusalem ». Les Juifs, dans leurs moments les plus tristes comme dans les fêtes les plus joyeuses, n'ont jamais oublié Jérusalem. Ils n'ont cessé de rêver à cette terre où se sont forgées les plus belles pages de leur histoire.

Jérusalem est la ville où nous rêvons d'être enterrés par fidélité à notre histoire ou parce que nous voulons être les premiers – parole de rabbin –, à accompagner le Messie lorsqu'il sera enfin arrivé à bon port.

Jérusalem a été constamment la capitale, la référence, l'appel, la ville symbole des Juifs. Donc, c'est entendu, c'est la ville capitale de l'État des Juifs. Mais pour ma part – je vais encore choquer, mais que voulez-vous, c'est mon sentiment –, Jérusalem a peut-être aussi un autre avenir à imaginer. Peut-être sera-t-elle en effet, un jour, LE centre de rencontre des hommes, de tous les hommes, tant au plan spirituel qu'au plan culturel et intellectuel. La capitale mondiale des humains lorsqu'ils seront humains. Le prophète Isaïe m'a précédé dans ce rêve.

Car elle est magique cette ville, elle rayonne et attire, et quiconque a pu y séjourner veut en général y revenir, Juif ou non-Juif, croyant ou athée. Elle est le creuset d'une part majeure de l'histoire des hommes. Voilà pourquoi elle ne peut être considérée comme la propriété réservée de quelques-uns au détriment des autres. Il faut seulement que les lieux religieux qui sont fondamentaux pour chacun, juifs, chrétiens ou musulmans, soient accessibles, librement et sereinement, dans le respect des croyances et des symboles. Ainsi, les synagogues, les églises, les mosquées seront libres d'accès à tous ceux qui le souhaitent. Je propose donc que Jérusalem reste bien juive là où elle l'est, et chrétienne, et musulmane, mais qu'elle le soit de manière ouverte et non repliée sur elle-même ou sur la défensive, autour de ses murailles.

Jérusalem, le symbole non pas de l'unité, mais de la fraternité retrouvée.

Bâtir la confiance

Et ailleurs aussi, il nous faudra savoir partager fraternellement partout en Palestine : le Juif doit pouvoir aller sur la tombe de Joseph à Naplouse, le musulman palestinien doit pouvoir prier dans la mosquée au cœur de Tel-Aviv. Il nous faudra trouver un modus vivendi qui respecte chacun et ne se méfie de personne. Nous donnerons au monde une leçon de tolérance par une telle initiative israélo-palestinienne. La démocratie aidant, bien des choses évolueront et elles changeront quand les Israéliens et les Palestiniens les feront ensemble évoluer.

Bien évidemment, nous ne parviendrons pas en un jour à cet équilibre harmonieux. C'est un projet politique immense, mais incontournable. Voilà pourquoi il faut que des hommes courageux se lèvent, annoncent qu'ils y croient et le proposent. Des hommes qui sauront, contre toute logique, contre toutes les évidences, contre tout, dire : « Halte-là, voilà ce qu'il faut faire, il ne faut pas aller au-delà, même si on le peut, il faut se restreindre, pour songer à l'avenir et ne pas se laisser submerger par le présent. » De Gaulle, dans une certaine mesure... Churchill tout seul qui a construit la défense britannique dans un moment absolument dramatique, avec une intuition extraordinaire, qui a sauvé l'honneur et l'avenir de la Grande-Bretagne...

J'ai cru que Sharon pourrait être l'un de ces hommes visionnaires et courageux; je me suis trompé, sans doute.

J'aurais préféré que ce soit Shimon Pérès qui est un vieil ami, mais je ne suis pas sûr qu'il ait aujourd'hui la force et le charisme nécessaires pour entraîner le peuple derrière lui. Et les événements de ce printemps m'ont fait perdre bien des illusions, hélas…

Alors qui? Beïlin, Burg, Ramon, Méridor…

Que l'on me permette pourtant d'ajouter une remarque qui est peut-être de nature plus philosophique, qui peut étonner, voire révulser, par les temps qui courent. Je ne m'exprime pas pour aujourd'hui où tout est chaos et désolation, mais pour demain, car il faudra relever les manches, croiser les regards, panser les plaies, lutter contre les haines et continuer d'affirmer que tout n'est pas perdu.

À Jérusalem, la couleur des pierres est inoubliable de beauté. L'or du Dôme étincelle. La fragrance obsédante des arbres en fleurs ferait croire, comme les robes légères des femmes, que le printemps existe toujours, quand hier à peine, les larmes et les cris de douleur résonnaient partout encore.

Oui, à cause de ces couleurs, de ces parfums, de ces femmes, et du sourire des enfants, en un mot à cause de la beauté, je crois à la confiance entre les hommes.

Ou plutôt, je suis persuadé que toute action, et par là même toute action politique fondée sur la méfiance ne mène à rien. Dans les périodes et dans les lieux de conflit, la méfiance empêche de faire quoi que ce soit, parce qu'elle est un enfermement sur soi et que tout ce qui vient de l'extérieur est rejeté. Comment avancer dans ces conditions ?

Alors, oui, la confiance comporte des risques, c'est vrai. Mais ces risques peuvent être calculés ! La confiance permet d'ouvrir un débat, une négociation et même et surtout de placer l'adversaire devant des choix difficiles. Si je lui fais une proposition qui implique un acte de confiance en lui, je le mets dans la situation d'accepter de répondre par oui ou par non. Mais s'il a répondu oui, en ayant accepté cet acte de confiance, il est débiteur envers moi de la confiance que je lui ai témoignée publiquement, dans un monde où tout se sait et où toute information circule immédiatement.

Je ne dis pas que c'est suffisant, je ne dis pas que l'acte de la confiance accordée est en lui-même suffisant. Je dis que c'est ce qui permet de faire avancer les choses. Une politique, quelle qu'elle soit, dès lors qu'il s'agit de relations avec un monde extérieur, doit être fondée sur un minimum de confiance. Elle ne peut en tout cas être fondée sur une méfiance totale.

Or, j'ai tenté de l'expliquer, la méfiance est le piège séculaire d'un peuple qui a pendant des lustres été toléré ou à peine, qui a beaucoup pâti du mépris que des religions dominantes lui ont manifesté, qui s'est construit sur la hantise d'une sécurité toujours aléatoire. Quiconque a pris un jour l'avion pour aller ou pour revenir de Tel-Aviv comprend tout à fait ce que je veux dire !

Quant au mépris des Palestiniens qu'affichent certains Israéliens sur le thème : «Ils ne seront jamais capables d'administrer un État», je voudrais rappeler qu'en 1948, même si nous nous étions, nous, longuement préparés, rares étaient ceux qui affirmaient que nous allions être capables de créer et de développer un État ! On l'a fait. Pourquoi pas eux ? Il y a parmi les Palestiniens des avocats, des ingénieurs, des médecins, des journalistes, des intellectuels, des ouvriers, bref tout ce qu'il faut ! Et il serait temps, n'est-ce pas, que cet État palestinien ait alors des dirigeants qui soient nécessairement des interlocuteurs responsables, non seulement dans leurs relations bilatérales avec Israël, mais aussi dans toutes les relations internationales. On verra alors à qui on a affaire, avec qui on peut parler, construire, négocier. Il faudra que le chef de ce gouvernement nouveau adopte quelque comportement nouveau, compatible avec les usages de la scène internationale, qu'il se polisse un peu aux autres cultures... Il faudra que les Palestiniens, à leur tour, abandonnent la méfiance et, pire encore, la haine.

Quant à vivre ensemble, il y a bien entendu une majorité de Palestiniens qui haïssent les Israéliens, aujourd'hui plus encore qu'hier et des Israéliens qui haïssent les Palestiniens, aujourd'hui plus encore qu'hier. Beaucoup de Juifs aimeraient que toute la Palestine soit israélienne et imaginons qu'Israël en effet soit ce vaste et bel ensemble entre le Liban au nord, l'Égypte au sud, le Jourdain à l'est et la Méditerranée à l'ouest... J'en serais extrêmement heureux moi aussi! Mais je comprends que les Palestiniens fassent le même raisonnement! Donc, puisque ce n'est pas possible, je m'efforce de rechercher une solution, la meilleure possible, qui tienne compte des intérêts supérieurs, incontournables, des uns et des autres.

Il faut donc essayer, sauf à faire disparaître tous les Israéliens ou tous les Palestiniens, de trouver l'équilibre entre des légitimités opposées aujourd'hui mais qui demain pourraient être complémentaires. J'essaie d'élaborer une solution parce que l'histoire continue et qu'un jour...

Un jour, peut-être, y aura-t-il ces deux États liés avec d'autres États arabes voisins, pour former la Fédération des États-Unis du Proche-Orient. Pourquoi pas ?

J'aggrave mon cas : imaginez cet ensemble flamboyant de cultures mélangées mais distinctes qui rayonneraient au-delà des frontières immédiates dans un espace culturel méditerranéen riche de toutes ses spécificités...

J'accorde au lecteur que nous n'en prenons pas vraiment le chemin... Mais je reste optimiste, souhaitant à mes petits-enfants et aussi aux vôtres, cher lecteur, de vivre ce rêve que j'ai exprimé sans crainte de haussements d'épaules ou de railleries. J'ai proposé à tous cette part de l'imaginaire qui est en moi, sans doute aussi pour laisser une trace en forme de programme d'action, car le Juif est quelqu'un qui agit.

Si demain les hommes voulaient construire plutôt que détruire, se comprendre plutôt que se haïr, se faire confiance plutôt que se méfier, les enfants apprendraient l'altérité et les adultes la tolérance respectueuse. Il n'y a que l'optimiste qui construit la vie. Le pessimiste doute de tout, se méfie de tout, il a du mal à avancer. La nature est capable de perpétuer la vie, pourquoi l'homme n'en serait-il pas capable, lui aussi ? Mais pour perpétuer la vie, il faut croire en la vie ! C'est-à-dire être optimiste.

Alors un jour peut-être, et j'en prends le pari confiant, grâce sera rendue par nous tous, ici et là-bas, à cet aphorisme péremptoirement optimiste auquel il m'arrive de croire certains jours :

« L'air de la terre d'Israël apporte la sagesse à l'homme. »

Paris, avril 2002

CET OUVRAGE A ÉTÉ ACHEVÉ D'IMPRIMER
PAR L'IMPRIMERIE FLOCH À MAYENNE
EN MAI 2002

N° d'édition : 257. N° d'impression : 54249.
Dépôt légal : mai 2002.
(Imprimé en France)